감사의 비밀
(개정판)

감사의 비밀

박 필 지음

행복을만드는사람들

| 추천사 |

성경적 감사의 본질과 성경에 나타난 감사의 구체적 사례 제시

김상복 목사 | 할렐루야교회

　박필 목사님은 오랫동안 생명의 언어를 연구해 오셨고 한국교회에 큰 공헌을 하고 계시는데, 이번에는 생명언어 가운데 감사의 언어를 집중적으로 연구해서 성경적 감사의 본질과 성경에 나타난 감사의 구체적 사례를 제시하였습니다.

　또한 재미있고 쉬운 예들을 들어 우리 모두가 삶에서 감사생활을 할 수 있도록, 책을 집필하므로 우리 마음에 가깝게 다가오고 있습니다.

　감사의 언어를 생활화한 사람이 된다면 이 사람을 성령

에 충만한 사람이라고 합니다.

　이 책을 통해서 우리 모두가 '범사에 감사' 할 수 있는 경지에 도달할 수 있기 바랍니다.

| 추천사 |

이 책을 통하여 감사의 비밀을
바로 이해하여 감사하는 생활로…

김인환 총장 | 총신대학교

하나님은 말씀 자체이시면서 말씀하시는 하나님이시다. 그래서 하나님은 말씀으로 천지를 창조하였다. 이처럼 하나님의 말씀은 능력 그 자체이다. 말씀하시는 하나님이 그의 형상에 따라 우리 인간을 창조하시므로 인간 역시 말하는 존재가 되었다. 비록 인간의 말은 하나님의 말씀과 동등한 권위를 가지지 않으나 하나님의 말씀으로부터 파생된 능력과 권위를 갖는다. 그러므로 인간이 어떻게 말하느냐에 따라 그 결과가 달라질 수 있는 것이다. 부정적인 말을 계속하면 그는 부정적인 인격과 삶이 형성된다. 반면 긍정적인 말을 계속하면 그의 인격과 인생도 긍정적인 것으로 발전한다.

이러한 말의 능력을 인식하고 생명언어 운동에 앞장서고 있는 박필 목사님이 성경속의 감사의 능력을 찾아 귀한 책을 출간하였다.

감사 생활은 우리 삶을 밝게 만들며, 인간관계에 훈훈한 정이 넘치게 해 준다. 이 책을 통하여 많은 독자들이 감사의 비밀을 바로 이해하고 감사하는 생활로 더욱 풍성한 삶을 살면서 그 삶의 풍성을 나누어 우리 사회가 풍성함과 감사가 넘치는 사회가 되기를 희구하면서 이 책을 추천한다.

| 추천사 |

감사의 말이 인생에 얼마나 큰 은혜와 축복을 누리게 하는지 잘 보여주고 있다

김성혜 총장 | 한세대학교

감사는 하나님의 뜻입니다. "항상 기뻐하라 범사에 감사하라 쉬지 말고 기도하라 이는 그리스도 예수 안에서 너희를 향한 하나님의 뜻이니라"(살전 5:16-18)는 성경 말씀에서 보듯이 하나님께 감사를 드릴 때 우리에게 기쁨을 주십니다.

저자 박필 목사님은 국민일보사를 통해 발간한 저서 '말' 시리즈를 통해 창조적이고 긍정적인 믿음의 언어 사용이 인생을 변화시키고, 기적을 일으키며, 행복을 가져온다고 강조한 바 있습니다.

이제 새롭게 『감사의 비밀』이라는 저서를 통해 감사의 말이 인생에 얼마나 큰 은혜와 축복을 누리게 하는지 독자들에게 잘 보여주고 있습니다.

저자가 본문에 밝힌 대로 하나님을 향한 감사는 하늘의 특별한 은혜를 누리게 하며, 모든 문제를 해결하는 열쇠가 되며, 축복의 창고를 열게 하고, 나아가 마음의 독소를 제거하여 부정적 자아를 긍정적인 자아로 변화시켜, 최고의 영성에 이르게 하는 것입니다. 감사는 아무리 강조해도 모자를 것입니다.

아무쪼록 이 책을 읽는 독자들 모두가 항상 감사하는 삶, 입을 열 때마다 원망이나 불평이 아닌 감사와 찬양의 삶을 살아서 하나님의 은혜와 축복 가운데 늘 행복한 삶을 사시길 바랍니다. 아울러 저자 박필 목사님의 사역과 모든 삶 위에 하나님의 형통의 복이 늘 함께 하시고 더욱 귀한 저서들이 이어지기를 기원합니다!

『감사의 비밀』을 내면서

예수님이 무화과나무를 뿌리채 마르게 하시고 난 이후 제자들에게 말씀하신다.

"하나님을 믿으라 내가 진실로 너희에게 이르노니 누구든지 이 산더러 바다에 던지우라 하며 그 '말' 하는 것이 이룰 줄 믿고 마음에 의심치 아니하면 그대로 되리라"(막 11:22~23)

1985년 봄 성경을 읽다가 충격적으로 다가온 이 무화과나무 사건의 말씀으로 성경 속의 '말'에 관심을 가지고 연구하게 되면서 이 말씀은 내 신앙과 삶의 큰 도전이 되었고 이어서 또 하나의 충격적인 말씀이 내게 찾아왔다. 민수기 14장 28절 말씀이다. "여호와의 말씀에 나의 삶을 가리켜 맹세하노라 너희 말이 내 귀에 들린 대로 내가 너희에게 행하리니" 이 두 말씀은 나의 인생과 신앙에 크나큰 도전이 되었다. 마가복음 11장 22절 23절의 말씀은 예수님이 제자들과 함께 성전으로 올라가시다가 무화과나무를 보시고 '다시는 열매를 맺지 못하리라' 말하시매 무화과나무가 말라 버린 사건이다.* 그로부터 지금까지 20여 년 동안 성경 속의 '말'의 보물을 캐고 캐내어 그것이 생명언어

---

* 무화과나무에 대한 상세한 내용은 '당신의 말이 기적을 만든다'(박필 저/국민일보)에서 볼 수 있다.

학으로 확립되었고 또 생명언어 프로그램이 되었고, 생명언어설교의 뿌리가 되었으며 더하여 한국교회에서 분에 넘치게 사랑을 받은 '말 시리즈'로 집필되었다.

- 믿음의 말과 권세를 주제로 쓴 『당신의 말이 기적을 만든다』(국민일보)
- 변화를 주제로 한 『당신의 말이 행복을 만든다』(국민일보)
- 대화를 주제로 한 『예수님께 배우는 대화의 법칙』(국민일보)
- 자녀 변화를 주제로 한 『당신의 말이 자녀를 변화시킨다』(국민일보)
- 말과 하나님의 축복을 주제로 한 『말과 축복』(행복을만드는사람들)

그리고,

이번에 감사를 주제로 『감사의 비밀』을 내놓게 되었다.

이 『감사의 비밀』은 성경 속의 감사의 이야기를 다루었고 2002년에 국민일보에서 출간한 『당신의 말이 행복을 만든다』에 일부 소개가 되었으며, 그간 세미나와 설교로만 전해 오던 내용을 정리하여 내어 놓았다. 근자에 한국교회 안에 '말'의 관심이 높아지면서 "교수님의 '말' 시리즈 내용과 『말의 힘』(조현삼 저)이란 책의 내용이 유사한 점이 많습니다"라며 유사성에 대해 문의하는 분들이 있다.

나는 웃으면서 말한다. "제가 쓴 『당신의 말이 기적을 만든다』는 2003년 4월 1일에 출간되었고, 『당신의 말이 행복을 만든다』는 2003년 11월 3일에, 『말과 축복』은 2007년 2월 1일에 출간되었습니다. 그런데 『말의 힘』은 2007년 8월 27일에 출간되었습니다. 표절이라면 먼저 나온 제 책이 표절이겠습니까, 뒤에 나온 책이 표절이겠습니까?"

우리나라에 지적재산권이 있기에 제 출판물이 얼마든지 법적으로 보호받을 수 있지만 그에 앞서 우리 스스로 서로의 지적재산권을 보호해 주어야 하리라 본다.

어쨌든 한국교회에서 '말'에 관심이 커졌다는 데 대해서 나는 감사한다. '말'은 우리에게 주신 하나님의 축복 중 하나이기 때문이다. 특히 『감사의 비밀』을 쓰게 된 가장 중요한 동기는 감사의 말은 가장 우리 자신의 마음과 생각과 환경과 운명을 변화시킬 수 있는 축복의 말이기에 하나님의 말씀을 통해 감사의 비밀을 알기를 소원하며, 감사의 인생이 되기를 소원하며 펜을 들었다. 이것이 곧 우리의 소원이며 하나님의 소원이기 때문이다.

하나님의 창조가 일어나는 **밭아의 집**에서

2010. 10. **박 필**

차 례

- 추천사 _ 5
- 『감사의 비밀』을 내면서 _ 11

제1부 감사와 열매

감사와 축복의 사람 ▼ 21
감사는 모든 문제의 마스터키다 ▼ 37
감사는 모든 축복의 마스터키다 ▼ 44
감사는 마음의 독소를 제거한다 ▼ 48
감사는 부정적 자아를 긍정적 자아로 만든다 ▼ 50
감사는 최고의 영성에 이르게 한다 ▼ 53

제2부 감사의 비밀

찾아 감사 ▼ 59
돌이켜 감사 ▼ 80
비교 감사 ▼ 88
믿음감사 ▼ 95
먼저 감사 ▼ 113

항상 감사 _ 119
순간 감사 _ 123
하나님으로 감사 _ 130
말의 감사 _ 136
감사의 대상 _ 149

제3부 감사 인생

감사와 하나님의 영광 _ 157
감사와 평안, 기쁨, 자유 _ 162
감사와 꽃동산 _ 173

제4부 불평의 사람, 감사의 사람

감사와 사탄 _ 179
천국에서 의인과 죄인 _ 185

『감사의 비밀』을 마치며 _ 189

제 1 부

감사와 열매

감사와 축복의 사람

성경 속에는 수많은 위인들이 등장한다. 아브라함, 이삭, 야곱, 모세, 다윗, 엘리야, 바울, 베드로, 요한 등등.

성경 밖의 기독교 역사 속에서도 수많은 위인들이 등장한다. 인류 역사 속에서도 수많은 위인이 등장한다.

역사 속에서 부와 명예, 지혜를 누린 최고의 인물이 누구냐고 묻는다면 역사는 솔로몬 왕을 지목할 것이다.

기독교에 있어서, 천국에서 가장 축복받을 사람은 천국의 때가 되어야 알 수 있겠지만, 이 땅에서 하나님의 축복을 가장 크게 누린 대표적 인물이라면 솔로몬 왕을 꼽을 수 있을 것이다.

솔로몬의 부친 다윗만 하더라도, 수많은 세월을 사울 왕에게 쫓기며 생사와 굶주림 속에 살았다. 아브라함도 수많은 세월, 방랑의 삶을 살면서 기근을 만나고 두 번씩이나 이방 나라 왕에게 아내를 빼앗길 뻔한 위기도 만났다.

야곱도 20년의 긴 세월을 삼촌 라반의 집에게 머슴살이를 했다. 삼촌은 임금을 준다, 준다 하며 열 번이나 약속했지만 결국 한푼도 주지 않았다.

요셉은 어떤가? 형들에 의해 노예로 팔려 먼 이국 땅에서 노예가 되었고 또 모함을 받아 생사를 기약할 수 없는 감옥에 들어가 수년을 보내게 된다.

그런데 솔로몬은 어떠한가? 그의 인생 속에 이런 선조의 고난이 보이지 않는다. 뿐만 아니라 하나님으로부터 특별한 축복을 받아, 성경 속에서도 가장 크게 하나님의 축복을 누린 사람이요, 인류 역사에서도 가장 큰 축복을 누린 왕이 되었다. 이 솔로몬의 축복은 솔로몬이 왕으로 취임하여 하나님께 번제로 제사를* 드리는 과정 속에서 시작되었다. 그때 하나님이 찾아오셔서 "내가 네게 무엇을 줄꼬 너는 구하라"고 하신다.

하나님이 누구에게도 "내가 네게 무엇을 줄꼬 너는 구하라"고 하신 적은 없다. 이것부터 특별한 축복이었다. 이에 솔로몬이 지혜를 구하자, 하나님은 지혜도 주시고 구하지도 않은 부와 영광도 함께 주셨다. 뿐만 아니라 "이전에도 너와 같은 자가 없을 것이요 이후에도 너와 같은 왕이 없을 것이다" "네 평생에 열 왕 중에 너와 같은 자가 없을 것이라"고 했다. 솔로몬이 받은 '부'는 이스라엘 역사에 가장 풍요로운 시대가 되게 하였고 솔로몬은 세계 역사에 가장 크게 '부'를 누린 왕이 되게 하였다. '부'와 함께 주신 영광은 무엇인가? 곧 명예를 말하는 것이다. '부'를 가져도 손가락질을 당하면 '부'도 아무 소용이 없을 것이다. 그런데 솔로몬은 '부'와 겸하여 칭송과 존경을 받는 명예도 주셨다. 솔로몬은 하나님의 아주 특별한 은혜를 누리는 사람이 되었다.

---

* 솔로몬 왕이 소원이 있어 소원제를 드린 것이 아니었다. 성경에는 그런 내용이 없다. 왕위에 오른 것에 감사해서 번제로 감사 제사를 드린 것이다.

그의 일생은 이 은혜 속에 살았고, 또 세상을 떠난 후에도 '지혜의 왕 솔로몬'으로, 가장 부귀 영화를 누린 왕으로 세상에 그의 이름이 남아 있다.

우리는 하나님께 응답 한 번 받는 것마저도 쉽지 않은데 솔로몬은 상상을 초월한 은혜를 받은 것이다. 이런 솔로몬을 보면서 솔로몬은 어떻게 이렇게 큰 은혜를 받게 되었는지 궁금했다. 그래서 나는 솔로몬이 하나님을 만나는 열왕기상 3장 말씀을 기도하면서 보고 또 보게 되었다. 그러던 중 그동안 그렇게도 많이 읽었지만 깨닫지 못했던 축복의 비밀이 한순간 환하게 나타나는 것이다. 하나님이 꿈에 솔로몬에게 나타나셔서 "내가 네게 무엇을 줄꼬 너는 구하라"고 하자, 이에 솔로몬이 "하나님 지혜가 필요하오니 지혜를 주세요"라고 말하기 전에 좀 복잡해 보이는 말을 먼저 한다.

"기브온에서 밤에 여호와께서 솔로몬의 꿈에 나타나시니라 하나님이 이르시되 내가 네게 무엇을 줄꼬 너는 구하라 솔로몬이 가로되 주의 종 내 아버지 다윗이 성실과 공의와 정직한 마음으로 주와 함께 주 앞에서 행하므로 주께서 저에게 큰 은혜를 베푸셨고 주께서 또 저를 위하여 이 큰 은혜를 예비하시고 오늘날과 같이 저의 위에 앉을 아들을 저에게 주셨나이다"(왕상 3:5~6)

이게 무슨 말인가?
첫 번째, 아버지 다윗에 대한 이야기이다.

"내 아버지 다윗이 성실과 공의와 정직한 마음으로 주와 함께 주의 앞에서 행하므로 주께서 저에게 큰 은혜를 베푸셨고"(왕상 3:6)

즉, "아버지 다윗이 성실과 공의와 정직한 마음으로 하나님 앞에 행하였더니 하나님께서 큰 은혜를 베푸셔서 목동이었던 아버지를 이스라엘 왕으로 세워 주심을 감사합니다"라는 말이다. 이어서 계속 무엇이라고 말하는가?

"주께서 또 저를 위하여 이 큰 은혜를 예비하시고 오늘날과 같이 저의 위에 앉을 아들을 저에게 주셨나이다"(왕상 3:6)

이 말을 쉽게 정리하면 '아버지 다윗의 대를 이어서 저에게까지 왕위를 주시는 하나님의 큰 은혜에 감사합니다'라는 말이다. 그리고 나서 비로소 "지혜를 주셔서 하나님의 백성을 잘 다스릴 수 있게 해주시옵소서"라고 했다.

솔로몬은 하나님이 "내가 네게 무엇을 줄꼬 너는 구하라"는 말씀을 듣고 구하기 전에 먼저, 두 가지를 감사하고 한 가지 지혜를 구하였다. 이에 하나님께서 감동하셨다.

"내가 네 말대로 하여 네게 지혜롭고 총명한 마음을 주노니 너의 전에도 너와 같은 자가 없었거니와 너의 후에도 너와 같은 자가 일어남이 없으리라 내가 또 네가 구하지 아니한 부귀와 영광도 네게 주노니 네 평생에 열왕 중에 너와 같은 자가 없을 것이라"(왕상 3:12~13)

하나님은 그에게 전무후무한 지혜와 부와 영광의 특별한 은혜를 주신다.

솔로몬이 이렇게 하나님의 특별한 은혜를 받은 이유가 무엇인가? 그것은 감사의 사람이었기 때문이었다. 하나님께서 "내가 네게 무엇을 줄꼬 내게 구하라" 하시면 보통 사람은 '무엇을 구할까?'를 생각하지, 그 와중에 먼저 감사할 수 있을까? 그러나 솔로몬은 보통사람과 달랐다. 그 와중에도 감사가 입에서 나온 것이다. 그것은 솔로몬이 감사가 마음에 가득한 사람이었기 때문이었다.

그는 왕이 되자 가장 먼저 일천 번제를 드렸다.

번제는 속죄와 헌신을 결단하는 제사로서, 왕이 된 솔로몬이 하나님께 감사와 충성을 결단하는 마음으로 일천 번제를 드린 것이다.

일천 번제는 성경학자들에 따라 해석을 이 두 가지로 한다. 하나는 일천 번의 제사를 드렸다는 것이고 또 하나는 일천 마리의 제물로 제사를 드렸다는 것이다. 이 둘 중 어느 것이든 놀라운 제사이다. 일천 번 드린 제사라면 3년 가까이 드린 제사이니 이 또한 엄청난 제사이며, 일천 마리로 드린 제사라면 흠 없는 숫송아지 일천 마리를 이스라엘 작은 나라에서 준비하느라고 온 나라가 소동이 일어났을 것이다.

번제는 일반적으로 한 마리의 제물로, 한 번 드려지는 제사이다. 그런데 이 번제를 일천 번 드렸든지, 또는 일천 마리의 제물로 드렸든지, 어느 것이든 엄청난 제사가 아닌가? 솔로몬 왕의 감사의 마음이 얼마나 컸는지를 잘 알 수 있다.

때문에 하나님께서 "내가 네게 무엇을 줄꼬 너는 구하라"고 했던 것이다. 감사함으로 드려진 번제가 얼마나 하나님을 기쁘시게 했는가를 잘 보여 주고 있다. 하나님은 감사하는 솔로몬에게 '무엇을 해줄까'를 고민하셨고, 그것이 바로 세가지의 특별한 은혜로 나타났다.

🍀 2감 1구하니 1구에 3복

감사의 사람 솔로몬과 하나님 사이의 일을 나는 "2감 1구하니 1구에 3복이라"고 정리하였다.

　이것은 즉, '두 가지를 감사하고 한 가지를 구하였더니 한 가지 구한 것에 세 가지 특별한 은혜를 주시더라' 라는 것이다. 하나님은 감사하는 사람에게 더 큰 은혜를 주신다.

🍀 사마리아 나환자와 특별한 은혜

누가복음 17장에 열 명의 나환자 이야기가 나온다. 사마리아 지역을 지나가던 예수님을 향해 열 명의 나환자가 일제히 소리쳐 병 낫기를 간구한다.

이에 예수님께서 "가서 제사장들에게 너희 몸을 보이라"(눅 17:14)고 하셨다. 이에 그들이 제사장에게 가다가 모두 깨끗해졌다. 그 후 아홉 명의 나환자는 모두 제 갈 길로 갔고 한 명의 사마리아인 나환자가 돌아와 예수님께 감사를 드렸다.

예수님이 "열 사람이 다 깨끗함을 받지 아니하였느냐 그 아홉은 어디 있느냐 가라 네 믿음이 너를 구원하였느니라"(눅 17:17~19) 이렇게 예수님은 돌아와 감사한 이 사마리아 나환자에게 "네 믿음이 너를 구원하였느니라"라고 구원의 축복을 주셨다. 아홉 명의 나환자는 어떠하다는 말인가? 아홉 명의 나환자는 나병에서는 고침을 받았으나 영혼 구원은 받지 못했고, 돌아와 감사한 이 사마리아 나환자에게만 나병을 고침 받은 것보다 백배, 천배 더 큰 영혼 구원의 축복을 주신 것이다. 이렇듯 하나님은 감사한 솔로몬에게 구하지 않은 더 큰 축복을 주신 것같이, 감사하는 사마리아 나환자에게 더 큰 구원의 축복을 주셨다.

하나님은 감사하는 사람에게 솔로몬과 같은, 사마리아 나환자와 같은 특별한 축복을 주신다.

하나님과 축복

나에게는 하나님이 주신 아들과 딸이 있다. 이 아이들이 필요한 것이 있다며 돈을 달라고 하면 나는 항상 달라는 것보다 더 많이 준다. 2만 원을 달라고 하면 3, 4만 원을 준다. 그러면 아이들은 괜찮다고 하지만 나는 "여유 있게 가지고 있어라" 하며 달라는 것보다 더 많이 준다. 그러면 아이들은 여유 돈으로 헌금도 하고, 다른 것이 필요할 때 쓰기도 하며 또 긴밀히 저축도 해서 우리가 급할 때 그동안 모아 둔 돈을 내어놓기도 한다.

부모는 자녀에게 더 많은 것을 주고 싶어 한다.

마찬가지로 하나님께서도 우리에게 더 많은 것을 주고 싶어 하신다. 구한 것뿐 아니라 그보다 더 큰 축복을 주고 싶어 하신다.

축복의 뜻

우리는 '축복' 이란 말을 그동안 경원시 해왔다. 그것은 첫째, 축복이란 말을 물질적인 것, 세상적 소유로 생각해 왔고, 또 그와 같은 것으로 강조되어 왔기 때문이다. 하지만 성경에서 축복이란 말이 그렇게만 쓰여진 것은 아니다. 근자에 와서 축복이란, 물질뿐 아니라 영적인 하나님의 은혜까지도 포함하여 더 깊고, 더 넓게 성경적으로 이해되어 가고 있음에 감사한다.

둘째 이유는 복을 갈구하는 사람들이 세상적 축복만 갈구하고 헌신의 삶은 무시되었기 때문이다.

소위 이것이 기복적 축복이다. 우리는 하나님으로부터 복을 받아야 한다. 그리고 그에 못지않게 헌신적 삶을 살아야한다. 하나님으로부터 받는 것과 하나님께 드려지는 귀한 삶이 함께 이루어질 때 축복된 삶이라 할 수 있다.

셋째, 축복을 땅에서 얻고 누리는 것으로만 이해했다. 축복은 땅에서뿐만 아니라 천국에서도 누릴 성도의 소망이요, 은혜이다. 이 땅의 축복은 일시적이요 작은 축복이지만 천국의 축복은 크고 영원하다.

하나님은 하나님의 사람들에게 더 좋은 것, 더 많은 축복을 주시고자 한다. 하나님의 축복을 무시하는 사람들은 교만한 사람이요, 세상적 축복만을 갈구하거나, 헌신 없이 하나님이 주시는 축복만을 받으려는 사람들은 기복주의적인 사람이다.

성경에서 말씀하시는 참된 축복을 받으며 이 땅에서 하나님의 축복이 되어 이웃과 나누는 사람이 참으로 축복된 사람이다.

응답과 축복의 차이

어떤 분이 내게 와서 이런 말을 했다. "20여 년 신앙생활 해오면서 하나님은 어려울 때나 위기에 처할 때마다 기도하면 응답해 주시고 그때 그때 문제를 해결해 주시곤 했어요. 하지만 이제 남편도 정년퇴직이 다가오고, 아이들은 외국에서 유학중인데 아직도 지출은 많고 생활은 안정이 안 되고, 이런 생활이 계속되니 생활이 답답할 때가 많아요."

그렇다. 이런 삶은 답답하다.

무슨 말인가? 하나님께 응답만 받는 생활에는 답답함이 있다. 응답도 있어야 하지만 축복도 있어야 한다. 응답과 축복은 다른 것이다.

응답이란 무엇인가?

 응답이란? 구한 것을 받는 것이요, 구한 만큼 받는 것이다.

 우리는 이런 이야기를 많이 듣는다. "300만 원이 꼭 필요해서 "하나님! 300만 원 주세요"하며 일주일 작정하고 기도했더니 기도하는 마지막 날 하나님께서 300만 원을 보내 주셨다.

 그때, 갑자기 후회의 마음이 들었다. 이럴 줄 알았으면 400만 원을 구할 것을… 300만 원을 구해서 300만 원만 주셨다"는 말을 들어 보았을 것이다. 이것이 응답이다. 300만 원이 필요해서 기도하고 구했더니 하나님이 300만 원 보내 주신 것, 구한 것에 구한 것만, 구한 것만큼만 받은 것이 응답이다. 그렇다면 축복은 무엇일까?

축복이란?

첫째, 구한 것에 구한 것 이상으로 받는 것.

둘째, 구하지 않아도 주시는 것이 축복이다.

감사한 사마리아 나환자가 그랬고, 솔로몬이 그랬다. 사마리아 나환자는 병 고침을 구하였는데 영혼구원도 주셨고, 솔로몬은 지혜를 구했는데 구하지 않은 부와 영광도 함께 주셨다. 이것이 축복이다.

응답만 받는 삶은 곤고하고 불안하다. 필요한 것만 받고 구한 것만 받기 때문이다.

응답도 받아야 하지만 축복도 받아야 한다. 하지만 우리의 현실은 응답 한 번 받기도 힘들 때가 많지 않는가? 우리는 금식하고, 철야기도하며, 작정기도해서 겨우 응답을 받는데, 솔로몬은 놀라운 축복을 아주 쉽게 받았다. 솔로몬의 지혜는 당시 온 세계에 자자했으며 3,000개의 명언과 1,005편의 시를 지었고 식물학, 동물학에서도 통달하여(왕상 4:32~33) 천하의 왕들이 지혜를 듣고자 왔다. 스바의 여왕도 솔로몬을 보기 위해 신하를 대동하고 이스라엘을 방문하여 하나님을 찬양하며 감탄한다.

"하나님 여호와를 송축할찌로다. 여호와께서 당신을 기뻐 하사 이스라엘 위에 올리셨고 여호와께서 영영히 이스라엘을 사랑하시므로 당신을 세워 왕을 삼아 공과 의를 행하게 하셨도다"(왕상 10:9)

그뿐인가? 이웃나라 두로왕도 하나님을 찬양하고 솔로몬을 찬양한다. 가히 세계 역사에 이런 왕이 있었는가?

솔로몬이 스스로 대적도 없고 재앙도 없다며 감격하기에 이른다.

"여호와께서 그 원수들을 그 발바닥 밑에 두시기를 기다렸나이다 이제 내 하나님 여호와께서 내게 사방의 태평을 주시매 대적도 없고 재앙도 없도다"(왕상 5:3~4)

솔로몬이 이런 은혜를 누린 이유가 무엇인가? 그 해답은 바로 솔로몬은 감사하는 사람이었다는 것이다. 감사하는 사람에겐 하나님은 응답도 하시지만 축복을 하신다.

황금의 혀를 가진 성자로 불리는 세기적 설교가 크리소스톰(Chrysostom)은 "감사하는 사람은 축복의 열쇠를 쥔 사람이다"라고 했다. 하나님은 지금도 우리에게 축복의 열쇠를 주고 싶어 하신다.

19세기 영국을 감동시킨 명 설교가 스펄젼(Charles H. Spurgeon)은 "촛불을 보고 감사하면 전등불을 주시고, 전등불을 보고 감사하면 달빛을 주시고, 달빛에 감사하면 햇빛을 주시고, 햇빛에 감사하면 천국 빛을 주신다"고 했으며, 또 "우리가 하나님의 은혜에 감사하면 하나님의 은혜는 더욱 풍성해진다"고 했다.

우리는 하나님의 축복이 되어야 한다. 우리가 하나님의 축복이 되지 못하는 것은 감사하지 않기 때문이요, 감사를 망각하기 때문이다. 감사하는 사람이 축복의 열쇠를 가진 사람이 될 것이고, 또한 이웃을 축복하고 세상을 축복하는 사람이 될 것이다.

감사는 모든 문제의 마스터키다

인생에 문제없는 사람이 있을까? 대통령도 문제가 있고, 노동자도 문제가 있고 부자도 문제가 있으며, 가난한 사람도 문제가 있다. 태어나서부터 숨이 끊어지는 그날까지 누구에게나 문제가 있다. 다만 문제를 풀어가며 사는 사람이 있는가 하면 문제에 묶여 사는 사람이 있을 뿐이다.

시험 문제를 잘 푸는 사람은 좋은 대학에 들어가고 좋은 직장에 들어가는 것처럼 인생의 문제를 잘 풀어 가는 사람은 더 좋은 것을 누리게 된다. 반면에 문제를 풀지 못하는 사람은 문제 때문에 실패자가 되고, 낙심하며 절망하게 된다. 그렇다면 무엇으로 인생의 문제를 풀 수 있는가? 가장 좋은 것이 무엇일까? 호텔에 가면 방마다 열쇠가 제각각이다. 그런데 지배인이 가지고 있는 열쇠가 있는데 이 열쇠는 어느 방이든 열 수 있다. 이것을 마스터키(Master key)라고 한다. 어느 문제든 모든 문제를 풀 수 있는 마스터키가 있는데 그것이 곧 감사이다.

"감사로 제사를 드리는 자가 나를 영화롭게 하나니 그의 행위를 옳게 하는 자에게 내가 하나님의 구원을 보이리라" (시 50:23) 했다.

여기서 "내가 하나님의 구원을 보이리라"고 하셨는데 여기서 하나님의 구원이란 영생의 구원을 말씀하신 것이 아니라 모든 문제에서 구원하신다는 말씀이다. 또 단순히 "구원을 보이리라"고 하지 않으시고 "내가 하나님의 구원을 보이리라"고 했다. '하나님의 구원을 보이리라' 는 말은 하나님이 구원을 보인다는 말이 아니다. '하나님의 구원' 즉, 죽은 자를 살리며 홍해를 가르는 절대 권능의 구원을 하나님이 보이시겠다고 강조하는 말이다. 이는 곧 감사를 하는 자는 반드시 하나님이 하나님의 절대적 권능으로 그 문제에서 건져 주시겠다는 강력한 보장이다.

시편 50장 14~15절에서도 "감사로 하나님께 제사를 드리며 지극히 높으신 자에게 네 서원을 갚으며 환난 날에 나를 부르라 내가 너를 건지리니 네가 나를 영화롭게 하리로다"라고 했다. 감사함으로 하나님을 부를 때 환난 날에 하나님이 건지시고 또 하나님을 영화롭게 하게 하리라는 것이다. 감사하는 자에게 얼마나 놀라운 약속인가? 하나님이 건져 주실 뿐 아니라 또 그 문제를 통해 하나님을 영화롭게 해 드리도록 하겠다는 약속이다.

바울과 실라의 감사

바울과 실라가 빌립보 지역에 전도를 하다가 감옥에 갇혀 밤중에 하나님께 기도하며 찬미하매(여기서 찬미하였다는 말은 원어적으로 감사하며 기뻐했다는 말) 옥문이 열리고 매여있던 사슬이 풀어지고 간수들이 바울과 실라 앞에 무릎 꿇고 구원을 받고자 하였다.(행 16:25 이하)

다니엘의 감사

다니엘은 느부갓네살 왕의 신하들의 술수에 걸려 사자굴에 던져질 위험 앞에서 "예루살렘으로 향하여 열린 창에서 전에 행하던 대로 하루 세 번씩 무릎을 꿇고 기도하며 그 하나님께 감사하였더라"(단 6:10)고 했다.

감사하며 기도 할 때 하나님이 그를 사자 입에서, 풀무 불 속에서 지켜 주시고 건져 주실 뿐 아니라 느부갓네살 왕이 하나님을 찬송하며 높이게 된다.

요나의 감사

요나서에 보면 요나는 다시스로 가는 배를 탔다가 풍랑으로 인해 바다에 던져진다. 이때 하나님이 물고기를 보내 그를 삼키게 하여 생명을 구해 주셨다. 그러나 요나는 물고기 뱃속에서 살이 녹을 것 같은 고통에 빠졌다. 3일째 되었을 때 요나는 죽음의 바다에 던져졌지만 하나님이 물고기를 보내 구원해 주신 것에 감사했다. 이에 "구원은 여호와께로서 말미암나이다"하고 감사를 드린다. 그리고 앞으로 감사하며 살겠다고 서원(약속)하며 그 서원을 지키겠다고 말한 것이다.

요나는 하나님께 감사하며 기도했다.

"<u>나는 감사하는 목소리로 주께 제사를 드리며 나의 서원을 주께 갚겠나이다 구원은 여호와께 말미암나이다</u>"(욘 2:9)

이에 하나님께서 물고기에게 요나를 토해 내게 하셨다.

🌸 문제와 감사

 감사할 때 그 문제가 풀리고 그 문제로 인해 하나님을 영화롭게까지 하게 된다. 나는 문제를 만나 찾아오는 사람에게 감사하라고 권할 때가 있다. 감사하라는 말을 받을 만한 믿음을 가진 사람에게 권하지만 대부분 그 말을 듣고 의아해 한다. 이런 상황에서 "어떻게 감사하지요?"라고 묻는다.

 결혼해서 2년 되는 집사님이 남편의 직장을 따라 대전으로 오게 되었다. 대전이 시집이라 시부모님과 함께 생활하면서 무척 힘들어했던 것이다. 두 분이 사사건건 잔소리하며 나무라니 견딜 수가 없다고 한다. 남편마저도 자기 말을 무시하며 시부모님의 말만 동조하니 더욱 견딜 수가 없다고 한다. 나는 집사님에게 감사하자고 했다.

그러면서 시편 50편 23절의 "감사로 제사를 드리는 자가 나를 영화롭게 하나니 그 행위를 옳게 하는 자에게 내가 하나님의 구원을 보이리라"는 말씀과 "너희 말이 내 귀에 들린 대로 행하리라"(민 14: 28)의 말씀을 읽게 하면서 "그 문제를 주신 것에 무조건 감사합니다 하고 기도하세요. 그러면 하나님이 하나님의 구원을 보이시고 그 감사의 말대로 감사할 수 있게 만드실 것입니다" 하고 감사기도를 권했다.

처음엔 의아해 했으나 마침내 "그러겠노라" 하며 눈물을 흘리며 함께 감사기도를 드리고 갔다. 며칠 후 밝은 목소리로 전화를 해 왔다. "목사님 말씀대로 하나님을 믿고, 힘들 때마다 한숨 쉬고 절망하는 대신 무조건 '하나님, 감사합니다'를 계속했더니 정말 신기하게도 내 마음도 편안해지고 두 분의 잔소리가 한순간에 줄어들고 부드러워지셨어요" 며칠 후 다시 전화가 왔다. 두 분의 잔소리가 온데간데 없어지고 그 잔소리가 칭찬으로 바뀌었다는 것이다. 나는 이와 비슷한 이야기를 듣고 또, 듣는다. 감사로 제사를 드리는 자에게 주시는 하나님의 구원이다.

스펄젼(Charles H. Spurgeon)은 "불행할 때 감사하면 불행이 끝이 나고 형통할 때 감사하면 계속 형통이 찾아온다"고도 했다. 감사는 모든 문제를 푸는 마스터키다.

나는 문제를 대하는 우리의 태도에 있어서 두 가지 말이 중요하다고 강조한다. 하나는 믿음의 말이다.

"아이구, 어떻게 하면 좋지?"가 아니라 "나는 할 수 있다. 하나님이 나와 함께 하신다!(I can do it because God is with me!)"이다.

또 하나는 감사의 말이다.

"여호와의 말씀에 나의 삶을 가리켜 맹세하노니 너희 말이 내 귀에 들린대로 내가 너희에게 행하리라"(민 14:28)는 하나님의 약속을 바라보며 감사하는 것이다. 그러면 하나님이 하나님의 구원을 보일 것이다.

문제를 만났을 때 절망과 낙심은 더욱 문제의 늪에 빠지게 만든다. 감사를 말할 때 하나님이 하나님의 절대적 권능으로 건지시고 또한 하나님을 영화롭게 할 것이다.

감사는 모든 축복의 마스터키다

🌿 사막화

세계적으로 사막화가 점점 확대되고 있다.

UN의 보고에 의하면 육지 4분의 1이 사막화 위기에 처해 있다고 한다. 우리나라에도 매년 황사가 심해지는데 그 이유는 몽골 지역의 사막화가 급속히 진행되고 있기 때문이라 한다.

사막이 늘어나는 이유는 무엇인가?

비가 적어지기 때문이다.

비가 적어지는 이유는 무엇인가?

수분이 증발되어 하늘에 올라가야 비구름이 형성되는데 가솔린 연료 사용 등으로 점점 따뜻한 공기가 지구에 확대되고 아울러 매연 등으로 인해 수분 증발이 적어지기 때문이란다. 결론은 하늘로 올라가는 수분량이 적어지므로 비가 적어지고 이로 인해 황량한 사막이 넓어지고 있는 것이다.

감사도 마찬가지이다. 감사가 하늘에 올라가지 않으면 하늘에서 은혜의 비도 내려오지 못한다. 감사가 하늘에 올라가야만 은혜의 비도 내려올 수 있다. 은혜의 한 방편이다.

두 천사 이야기

어느날 하나님이 천국의 보물창고를 열었다. 그 속에는 평안, 기쁨, 자유로 시작하여 믿음, 사랑, 자비, 양선, 방언, 신유, 능력뿐 아니라 지위와 명예, 형통 등 모든 좋은 것이 들어 있었다.

이에 두 천사에게 명했다. 땅에 가서 한 천사는 기도제목을 거두고 다른 한 천사는 감사제목을 거두어 오라고 하며, 기도제목은 응답을 해 주고 감사제목에는 이 창고의 보물을 줄 것이라고 했다.

두 천사가 하나님의 명을 받고 땅으로 내려왔다. 기도제목을 받으러 온 천사는 순식간에 그릇이 가득 차서 하루만에 천국에 올라왔다. 그런데 다른 한 천사는 오지 않는 것이었다. 이틀이 지나고 삼일이 지나고 일주일 만에 겨우 천국에 올라온 천사는 힘없이 감사 바구니를 내어놓았다. 그 속에 몇 개의 감사가 들어 있었다. 그 감사의 내용을 펼쳐보니 아뿔싸, 그것마저 앞서 천사에게 기도제목을 보내지 못한 사람들이 넣은 기도제목이었다. 안타까운 마음으로 하나님이 천국의 보물창고를 닫으려는데 천사가 소리쳤다. "하나님! 이것은 감사기도입니다." 바구니에 있던 하나가 감사기도였던 것이었다. 하나님은 그 감사를 보시고 신기해 하시며 보물창고에서 그에게 필요한 모든 것을 보내주라고 하셨다.

감사가 메마르면 은혜의 고갈이 온다. 그러나 감사의 인생은 은혜의 단비에 젖는 인생이 된다. 감사가 하늘에 올라가서 단비가 되어 내려온다. 단비가 내리면 모든 생물이 생기를 얻고 뻗어 나가며 열매를 맺듯이 감사는 축복된 인생이 되게 한다.

감사한 솔로몬을 축복되게 했듯이, 요셉을 축복되게 했듯이, 사마리아 나환자를 축복되게 했듯이, 하나님이 축복된 인생이 되게 한다.

오늘날의 백화점을 창시하고 YMCA 운동을 했던 믿음의 사람 워너메이커(John Wanamaker)는 100만 불을 들여 예배당을 지어 헌당하면서 "내가 어려서 예배당 짓는데 벽돌 한 장을 드리면서 감사했는데 하나님은 이제 100만 불을 드리며 감사하게 한다"고 했다.

하나님은 감사하는 자에게 하늘 창고를 여신다.

감사는 마음의 독소를 제거한다

우리 마음의 독소는 무엇인가? 미움, 시기, 질투, 분노, 증오, 원망, 불평, 음란, 방탕 등은 우리 영혼을 병들게 하고 인생을, 가정을 병들게 하는 독소들이다.

한국 심리학의 권위자 이시형 박사는 모든 정신적 문제를 치유하는 치유법으로 '감사'를 권유하고 있다. 감사할 때 0.1초도 안 되는 순간에 '세라토닉'이라는 행복을 주는 물질이 뇌세포에서 분출되어 결정적 치유를 만들어낸다고 한다.

부부관계를 연구해 온 미국 워싱턴 대학의 심리학 교수 존 카트맨(John Gottman) 박사는 35년간 3,000쌍의 부부를 연구한 결과, 부부 대화 패턴이 부정적인 부부가 이혼으로 가는 확률은 94퍼센트나 되었다고 한다.

상대방을 비판하고 경멸하는 말을 할 때 부부 사이뿐 아니라 누구와도 관계가 깨지고 악화될 수 밖에 없다. 그러나 감사를 말할 때 미움, 증오, 시기, 질투, 증오가 사라지고 원망, 불평 그리고 음란과 방탕의 마음도 사라진다. 부부가 서로 감사하고 부모와 자녀가 감사하면 교회가 서로 감사한다면 모든 마음의 독소가 사라질 것이다. 빛이 임하면 어둠이 사라지는 것이다.

'생명언어 학교' 프로그램 중 하나인 "대화편" 지도자 과정을 이수한 지도자들이 각 교회에서 이 프로그램을 진행하면서 부부사이는 상상을 초월한 변화가 일어났는데 그 변화의 중요한 키가 감사의 말이었다고 증언하고 있다. 감사는 우리 마음의 모든 독소를 녹여내고 변화를 만든다.

모 가수는 그가 유명해지자 인터넷에서 수많은 안티팬이 그를 괴롭혔다고 한다. 그런데 그의 홈페이지에 올린 안티팬의 글에 "좋은 지적을 해 줘서 감사하다. 더욱 노력하겠다"며 감사의 글을 올리곤 했는데, 그 안티팬이 모두 진짜 팬으로 돌아섰다고 한다. 감사는 가장 진한 감동을 만들어 내는 말이기 때문이다. 감사는 나의 마음과 다른 사람의 마음의 독소를 제거하고 사랑과 기쁨으로 변화시키는 강력한 해독제다.

감사는 부정적 자아를 긍정적 자아로 만든다

세리그먼(Seligman) 박사는 "행복과 성공의 삶을 사는 사람은 마음속에 항상 YES가 살아 있는 사람이며, 불평과 실패의 사람은 마음속에 항상 NO가 가득 차 있다"고 했다.

우리는 살아가면서 여러 가지 많은 것을 경험한다. 부정적인 경험, 즉 좋지 못한 경험과 긍정적인 경험, 즉 좋은 경험을 함께 한다. 좋지 못한 경험이 많은 사람은 부정적, 비판적 자아가 크게 형성된다. 반대로 좋은 경험이 많은 사람은 긍정적 자아와 양육적 자아가 크게 형성된다. 예를 들어 결손 가정으로 부모의 보호와 사랑을 받지 못하거나 불행한 가정, 부모로부터 항상 혼나고 매맞고 지적당하며 성장한 사람은 자연히 부정적 자아, 비판적 자아가 발달한다. 이럴 때 이 사람은 모든 상황과 문제에 대해 부정적, 비판적 입장을 갖게 된다. 반대로 행복한 가정의 부모로부터 인정, 격려, 칭찬을 받으며, 비전을 듣고, 지지적 환경 속에 성장한 사람은 긍정적, 양육적 자아가 발달한다.

부정적, 비판적 자아가 강한 사람은 삶을 성공적으로 살아갈 수 없다. 항상 욕구 불만이요, 안된다는 생각, 패배감, 분노감이 크게 나타난다. 그런가하면 긍정적, 양육적 자아가 강한 사람은 환경과 타인에 대해 이해심이 많고 어떤 현실이든지 YES로 받아들이며 항상 소망이 살아 있는 사람이 된다.

부정적, 비판적 자아가 강한 사람은 이로 인해 삶과 신앙에 부닥치는 것이 한두 가지가 아니다.

하나님의 은혜를 받았지만 마음속에 배어있는 부정적 자아는 쉽게 사라지지 않는다.

그러나 감사하기 시작하면 그렇게도 움직이지 않던 부정적 자아가 거대한 배가 뱃고동을 울리며 서서히 움직이듯이, 긍정적 자아로의 항해가 시작된다.

우리의 자아에 있어서 감사의 말은 강력한 치유와 변화를 일으킨다. 비로소 우리가 갈망하던 자아의 변화를 경험하며 행복과 은혜의 삶 속에 들어오게 될 것이다. 나는 '유카리스티아'(ευςχαριστία)*를 통해 수많은 사람들이 내면의 근본적 치유와 변화가 일어나 부정적, 비판적 자아에서 벗어나 긍정적, 양육적 자아로 변화되는 것을 목격하고 있다. 감사는 우리의 부정적 비판적 자아를 녹여내고 긍정적 양육적 자아를 변화시키는 강력한 능력이다.

---

* '**유카리스티아**'(ευςχαριστία)는 「행복을 만드는 사람들」에서 진행하는 영성수련, 내면치유 프로그램으로, 기쁨, 감사, 큰 은혜를 의미하는 헬라어이다. 2박 3일로 진행되며 근본적 내면치유, 깊은 영성수련, 자아와 삶의 변화, 하나님과의 인격적 만남, 하나님이 주시는 평안·기쁨·자유를 추구한다.

감사는 최고의 영성에 이르게 한다

신약에서 최고의 영성을 가진 사람을 꼽는다면 바울을 가장 먼저 들 수 있을 것이다.

그 바울의 영성이 어떠했는가?

어둠으로 가득한 감옥에서 "항상 기뻐하라, 쉬지 말고 기도하라, 범사에 감사하라 이는 너희를 향하신 하나님의 뜻이니라"(살전 5:16~18)라고 말했다. 그것도 감옥 밖에 있는 사람들에게 기뻐하며 감사할 것을 당부한다. 그뿐만 아니라 "어떠한 감사로 하나님께 보답할까"(살전 3:9)라고 고백하며 감사의 고민으로 가득한 바울이었다.

바울의 감사는 "내가 비천에 처할 줄도 알고 풍부에 처할 줄도 알아 모든 일에 배부르며 배고픔과 풍부와 궁핍에도 일체의 비결을 배웠노라"(빌 4:12)며 어떤 환경에서도 감사하며 만족하는 사람이 되었다.

감사의 비밀을 깨달은 사람은 빈부에 처하거나 비천에 처하거나 어떤 상황 가운데서도 만족함을 누린다. 초막이나 궁궐이나 그 어디나 하늘나라가 된다. 바울은 깊은 영성, 최고의 영성에 도달한 사람이었다.

구약에서 최고 영성의 소유자라면 다니엘을 들 수 있을 것이다. 다니엘은 사자굴에 던져지고 불에 들어가면서도 믿음을 보인 사람이다.

그의 영성이 무엇으로 이루어져 있을까?

"다니엘이 이 조서에 어인이 찍힌 것을 알고도 자기 집에 돌아가서는 그 방의 예루살렘으로 향하여 열린 창에서 전에 행하던대로 하루 세 번씩 무릎을 꿇고 기도하며 그 하나님께 감사하였더라"(단 6:10)

다니엘은 매일 예루살렘을 향해 감사하며 기도하였다.

그의 기도는 감사로 이루어지고 그의 영성은 감사로 만들어진 것이다.

또 한 사람 구약의 최고 영성의 소유자라면 다윗을 들 수 있다. 다윗을 향해 하나님께서는 "내 마음에 합한 사람"(행 13:22)이라 하셨다. 다윗의 신앙의 중심에 감사가 있다. 구약 시편의 총 150편 중에서 다윗이 지은 시가 73편으로 절반을 차지한다. 다윗의 시편 절반 이상이 감사의 시로 되어 있다. 우리가 모두 애송하는 "내 영혼아 여호와를 송축하라 내 속에 있는 것들아 다 그 성호를 송축하라. 내 영혼아 여호와를 송축하며 그 모든 은택을 잊지 말지어다"(시 103:1~2)는 말씀은, 스스로 감사를 잊지 말자는 다윗의 고백시다. 다윗은 레위인을 감사 찬양을 하도록 임명하였고(역상 16:4), 언약궤 앞에서 춤을 추며 아삽과 그 형제를 세워 여호와께 감사하며(역상 16:7, 8) 또한 온 백성들에게 감사하도록 촉구한다.

"너희는 이르기를 우리의 구원의 하나님이여 우리를 구원하여 만국 가운데서 건져내시고 모으시사 우리로 주의 성호를 감사하며 주의 영예를 찬양하게 하소서 할찌어다"

(역상 16:35)

우리가 40일 금식기도를 하고, 밤낮 기도하며 성경을 읽는다 하더라도 감사하지 않는다면 그것이 무슨 소용이 있겠는가?

불평하고 원망한다면 그게 무슨 소용이 있겠는가? 모든 기도와 영성이 한순간에 모두 무너지는 것이다. 때문에 무디의 대를 이은 성령의 사람 R. A. 토리(Torrie) 박사는 "감사 충만이 곧 성령 충만"이라 했다.

스펄젼은 "하늘을 향한 감사, 그 자체가 기도"라고 했다.

영국의 종교학자로 유명한 기도의 사람 윌리암 로우(William Law)는 "위대한 성자는 기도를 많이 했다든지, 금식을 많이 했다든지, 혹은 자선을 많이 베풀었다는 사람이 아니라, 범사에 감사하는 사람이다"라고 했다 한다.

감사하는 사람이 성령의 사람이 된다.
감사하는 사람이 예수님의 제자가 된다.
감사하는 사람이 예수님을 닮게 된다.
감사하는 사람이 최고의 영성에 이르게 된다.

제 2 부

감사의 비밀

찾아감사

나는 성경 속의 '말'을 연구하면서 '말'이 얼마나 중요한가를 체험하고 또 체험했다. 말이 무너지면 모든 것이 다 무너지며 말이 세워지면 모든 것이 세워진다. 하나님은 우리의 '말'을 통해 일하시기 때문이다. 그런데 그 '말' 중에 아주 귀한 보석이 있다. 그것이 바로 감사이다. 감사의 말은 '말' 중에서 가장 귀한 보석이다.

어떻게 이 감사의 보석이 광채를 뿜어낼 수 있을까? 성경은 "범사에 헤아려 좋은 것을 취하라"(살전 5:21)고 했다. 인생에 좋은 것도 있고 좋지 못한 것도 있다. 그 중에 좋은 것을 취하라는 것이다.

🌱 잔디밭 인생

　호주에 살던 어느 봄날, 시드니 근교로 드라이브를 나간 적이 있다. 도시 외곽에 광활하게 펼쳐져 있는 잔디밭을 보면서 너무 감탄스러웠다. 끝없이 펼쳐지는 진녹색의 초원.

　잔디밭 끝이 아마득하고 너무 황홀하다. 신기루에 끌리듯 잔디밭 먼 곳까지 걸어가 보았다. 그런데 그곳에 가 보니 그렇게 신비스럽기조차 하던 진녹색의 잔디밭의 황홀은 온데간데 없고 잔디가 울퉁불퉁하며 또 여기저기 흙이 드러나 있고 말라 있는 잔디, 누렇게 변색된 잔디가 함께 있었다. 그때 난 두 가지를 깨달았다. 첫째는, 모든 것이 멀리서 볼 때 다 좋아 보인다는 것이다. 남의 떡이 크게 보인다는 말도 그런 말일 것이다. 멀리서 보면 다른 사람들은 행복한 것 같고 나만 불행한 것 같지만 그렇지 않다. 둘째는, 좋은 잔디와 흠 있는 잔디가 같이 있듯이 인생에는 무엇이든 좋은 것과 좋지 못한 것이 함께 있다는 것이다. 인생은 잔디밭과 같은 것이다. 삶 속에서 좋지 못한 것을 찾으면 불평할 수밖에 없고 좋은 것을 찾으면 감사하게 된다.

가진 자와 못 가진 자의 고민

우리가 사는 시대는 소유중심의 시대이다. 못 가진 자는 가진 자를 부러워한다.

어느 날 검사 한 분이 심야 기도회에 와서 이야기를 한다. "검사생활 지치고 힘듭니다. 매일 상대하는 게 사기꾼, 도둑들과 입씨름하고, 할당받은 사건은 많아 밤늦게까지 시달리며 제 시간에 퇴근한 적이 별로 없습니다" 나는 그 말을 듣고 검사의 고충을 이해하게 되었다.

친분이 있는 판사 한 분이 대화 중에 "목사님이 부럽습니다. 전 항상 범죄자들에게 몇 년으로 형을 줄까 고민하고 '징역 몇 년에 처한다는 이런 말로 사는데 목사님은 늘 생명을 살리는 말씀을 전하고, 그 말씀으로 고민하니 참 부럽습니다." 우리는 그분들이 권력 있고 힘 있어 행복한 줄로만 알았는데 우리보다 더 깊은 고뇌를 갖고 있는 것이다.

내가 아는 의사 부인 한 분이 다른 동료 부인들과 재래시장에서 물건을 사면서 한 사람이 "저렇게 시장에서 고기나 파는 사람이 부럽다"고 하니 모두들 "그래 저 사람들이 마음은 편하지" 하고 모두 동조했다면서, "교수님, 의사 스트레스가 보통이 아닙니다. 매일 상대하는 사람들이 아픈 사람들 뿐이죠. 환자들이 쾌유해 주어야 하는데 잘 낫지 않으면 그 스트레스가 모두 의사에게 옵니다. 이런 환자 보는 일을 매일 한다는 것이 정신적으로 보통 힘든 게 아닙니다." 그 말을 듣고 보니 의사의 고충이 보통이 아니란 걸 느끼게 되었다.

어느 목사님이 미국 가는 중에 비행기 특석에 앉게 되었는데, 한국 재벌 회장님과 함께 앉게 되어서 기회다 싶어 "회장님은 참 좋으시겠습니다"라고 했더니 "전 눈만 뜨면 그때부터 눈감을 때까지 머리가 지끈거립니다"라고 하더란다. 못 가진 자만 고민이 있는 것이 아니라 가진 자의 고민은 더 크다.

가진 자는 가진 것만큼 고민도 크다. 없는 사람은 몇 십만 원으로 고민을 하지만 가진 자는 몇 억으로 고민한다. 가진 것만 있고 고민 없는 사람은 없다.

빛이 있으면 어둠이 있고 어둠이 있으면 빛이 있다.

좋은 것이 있으면 좋지 못한 것이 있고, 좋지 못한 것이 있으면 좋은 것이 있다.

세상에 그 어떤 것도, 100퍼센트 좋은 것만 있거나 100퍼센트 나쁜 것만 있는 것도 없다. 좋은 것과 좋지 못한 것이 항상 같이 있는 것이다. 나 자신은 어떤가? 나 자신도 좋은 점과 좋지 못한 점이 같이 있다.

일류탤런트들의 고민

오래 전 TV에서 한국의 유명 탤런트들이 모여 이야기를 나누는 프로그램이 있었다. "자신에 대해 불만스러운 부분이 있느냐? 성형을 생각해 본 적이 있느냐?" 하는 질문에 일류 탤런트들이 하나 같이 자신의 단점을 들먹이며 그것 때문에 성형을 하러 갔다가 의사의 만류로 안 했다는 등의 이야기를 쏟아 냈다. 한국에서 가장 잘생긴 얼굴을 가졌다는 모 남자 탤런트는 자신은 둥그런 자신의 눈이 불만스럽다는 것이다. "남자 눈이 좀 찢어지고 그래야지…" 자기 눈이 마음에 안 든단다.

　모두 자기 불만을 이야기하느라 열심이었다. 최근엔 '비'라는 가수가 가장 매력적인 외모를 가졌다고 하나같이 이야기한다. 그런데 정작 본인은 가수로 데뷔하면서 쌍꺼풀 수술을 할까 말까 고민했다고 한다.

　나는 그런 모습을 보면서 사람들이 잘생겼다고 결코 만족하지 않는다는 것을 확인했다.

　자신에 대해 만족스러워 하는 사람은 많지 않다. 자신의 좋은 점을 보지 않고 자신의 부족한 점을 보기 때문이다. 이런 사람을 우리는 부정적 자아를 가진 사람이라 한다. 반면에 박경림이란 방송인은 사람들이 자신의 사각 턱을 수술하라고들 하지만 자신은 사각 턱이 전혀 문제라고 생각지 않는다. 그래서 수술 안 한다고 한다. 우리는 그 말에 '정말 그렇게 생각하진 않겠지' 하고 짐작할지 모르지만 긍정적 자아가 강한 사람은 실제로 문제 없다고 생각한다. 그녀가 고등학생 시절, 학교에 아버지가 수위로 취업이 되었다. 그녀의 아버지는 딸이 마음에 상처를 받을까 봐 말도 못하고 비밀리에 출근을 했는데 친구들이 아버지를 알아보고 그녀에게 전해 주어 알게 되었다. 여느 학생 같았으면 창피스럽다고 울며 난리가 날 법도 한데 박경림 양은 친구들을 데리고 숨어 지내는 수위실로 아버지를 찾아가서 수위실 앞에서 친구와 함께 노래와 율동으로 아버지를 위로했다고 한다. 좋지 못한 점을 찾는 사람은 원망하고 불평한다. 그러나 좋은 점을 찾는 사람은 감사하고 감사한다.

다윗은 "주께서 내 장부를 지으시며 나의 모태에서 나를 만드셨나이다 내가 주께 감사하옴은 나를 지으심이 심히 기묘하심이라"(시 139:13~14) 하며 하나님이 자신을 신묘막측하게 지음에 감사한다.

🌿 부모와 원망

내가 호주에 갈 때 신학대학에 근무키로 했기에 간단한 생활용품을 가져간 것 외에 빈손으로 나갔다.

그러나 약속이 깨지고 우리 가족은 당장 생활고에 부닥쳤다. 아이들은 겨우 학교에 입학이 되었지만 사립학교라 학비를 부담해야 하고, 당장 생활을 책임져야 할 가장이기에 슈퍼마켓의 쇼핑카트(짐수레)를 옮기는 일을 하게 되었다.

이 슈퍼마켓은 주차장이 반지하라 이곳에 있는 카트 15여 개를 함께 밀고 1층 가게까지 올리는 작업이었다. 약 15도 정도 경사진 40미터 정도의 길이었다. 처음 며칠은 별 문제가 없었으나 며칠이 지나자 체력이 소진되어 7미터 정도를 남겨 놓고 점점 힘이 부치는 것이다. 7미터 앞에서 뒤로 밀리면 카트기가 뒤로 엎어져 소동이 벌어질 판이라 안간힘을 써서 올라가는데 감독자는 나를 주시하며 "문제 없느냐?"고 묻는다. 문제야 있지만 그렇게 말하면 그만 두어야 할 판이라 나는 아이들의 학교와 생활을 생각하며 아무 문제없다는 말을 연발하면서 매일 온 기력을 쏟으며 탈진하다시피 일한 적이 있었다. 그때의 처절함은 가족을 책임져 본 사람만이 알 것이다.

가족 부양을 위해 부모는 밖에서 온갖 수모를 참으며 자녀를 양육한다. 많은 부모들이 자녀를 위해 피와 땀과 눈물을 쏟는다.

나의 아버지도 그랬다. 나의 아버지는 내가 어릴 때 정부 주요 부처에 일했다. 소위 말하자면 힘 있는 기관의 힘 있는 사람이었다. 그런데 가끔씩 "더러워서 못하겠다. 가족만 없었으면 사표를 내어버리겠는데 그러지도 못하고…" 하면서 한숨 쉬는 일이 많았다. 때론 우리 모두 같이 죽자고 한 적도 한두 번이 아니었다. 감사를 깨닫고, 또 아버지가 되고 보니, 그때 아버지의 마음을 조금은 알 것 같았다. 얼마나 힘겨웠을까?

자녀들 때문에, 가족 때문에 참고 참으며 견뎌 왔던 아버지, 그 아버지의 피와 땀과 눈물의 댓가로 우리가 오늘 이렇게 살고 있는 것이다.

그런데 그 부모에게 감사하는 자녀는 많지 않다. 불편보다는 더 많은 은혜를 주신 부모인데 불편했던 작은 것만 기억하고 불평하며 짜증을 낸다. 부모가 불편을 주었다 해도 우리는 부모의 피와 땀의 댓가로 얻은 것을 먹고 입고 살아온 사람들이 아닌가?

너의 아들 딸을 위해서

한국의 철거민 촌에서 목회를 끝냈을 때, 하나님은 호주로 길을 열어 주셨다.

그때 하신 말씀이 "너희 아들과 딸을 위해 호주로 보낸다"고 했다. 나는 호주에 가서 성경 속의 생명언어를 깊게 연구하여 생명언어학을 개척, 확립하고 생명언어 프로그램을 만들어 사역을 하며 공부도 하였다. 호주는 내게 큰 은혜를 준 땅이다. 그런데 하나님께서는 호주에서 내가 받을 은혜에 대한 말씀은 없었고 "네 아들과 딸을 위해 보낸다"고 했을까? 처음엔 그 말뜻을 몰랐지만 지나고 보니 이해가 되었다. 우리 아이들이 큰 혜택을 받았다. 아이들은 초등학교 2, 3학년 때 호주에서 초등학교를 마쳐서 영어에 능통하게 되었다. 한국에 나와서 중고등학교에서 뿐아니라 대학에 들어가서도 준비 공부 없이 토익시험을 치렀는데도 800점이 나왔다. 남들은 죽기살기로 외우고 영어학원 다니며 공부하는데 우리 아이들은 영어 공부를 별도로 하지 않아도 항상 만점 가까운 점수가 나오고 대화와 통역이 쉽게 이루어졌다.

하나님이 우리를 호주로 보내신 가장 큰 이유가 우리의 수고의 보상으로 우리 아이들이 영어에 능통하게 하고 서구 문화를 접하게 해 세상을 보는 눈을 넓게 해 주신 것이다. 부모의 헌신과 수고의 혜택을 우리 아이들이 누린 것이다.

아들이 늦깎이로 군에 입대하게 되었을 때, "너는 하나님의 사람이니 모든 사람에게 성실하고 신뢰할 수 있는 사람이 되어라"고 권면하며, 우리 부부는 하나님의 인도를 믿고 어디를 가든지 좋은 사람 만나기를 기도했다. 또 아들에게 하나님이 좋은 사람 만나게 해 줄 것이라고 축복했다.

아들은 훈련소에서부터 좋은 친구들을 만나서 훈련소의 사진이 마치 제대하는 날 기념 촬영한 것 같았다. 1군 사령부 소속으로 배치 받아 부대 배치 받은 첫 주일, 부대 교회를 방문하여 우리도 함께 예배를 드리게 되었는데 부대 목사님이 사병에 대한 열정이 보통이 아니었다. '30년 군목 생활을 했다는데 저런 열정적 설교를 아직도 할 수 있을까' 싶을 정도다. 순수한 열정이 녹아 있는 말씀을 앞으로 2년 동안 듣고 배울 아들을 생각하니 참으로 좋은 목회자를 만나게 해 주신 하나님께 감사했다. 또 부대 교회 안수집사가 그 부대 지휘관인데 계급에 어울리지 않을 만큼 겸손하고 신실했다. 아들이 훌륭한 인격을 가진 믿음의 지휘관을 보는 것만으로 많은 것을 배울 것이기에 참으로 감사하다.

그뿐 아니라 교회에 나오는 동료 사병은 훈련소에서 같이 훈련을 받고 이곳에 배치를 받았는데 보직이 또한 같았다. 크리스천인 이 청년도 보통 젊은이와는 다른 것이 눈에 띌 만큼 신실하고 적극적인 모습이 확연했다. 아들도 좋은 친구라고 감탄했다. 그런가 하면 배속 받은 부대의 선임자도 크리스천이란다. 그래서 친절하고 자상하게 지도해 준다고 했다.

정말 기도하고 축복한 대로 좋은 사람들을 만났다. 나는 하나님께 감사에 감사를 드리고 있다. 아들의 이 은혜가 어디에서 시작되었는가? 부모의 기도로 시작되지 않았는가? 부모의 간절함으로 이루어지지 않았는가?

'유카리스티아'(ευχαριστία)에 어느 전도사가 대학 다니는 장성한 아들과 딸과 함께 참여했다. 그 전도사는 아이들이 어릴 때 혼자 되어 하나님을 의지하며 오로지 믿음과 헌신으로 살며 두 자녀를 키워 아들은 명문 대학에, 딸은 좋은 직장을 얻어 생활하고 있다.

첫날 아들이 인사하면서 엄마에게 속아서 이곳에 따라왔다며 불평했다. 세미나 중에 하나님은 그들에게 말씀하셨다. "네 엄마의 헌신과 믿음과 기도로 오늘 너희들이 명문대에 들어가도록 했으며 좋은 직장을 얻게 했노라"고 하셨다. 그들이 똑똑해서 명문대학에 들어간 것이 아니라 어머니의 눈물과 헌신과 기도를 받으시고 하나님이 명문대학생을 만들고 좋은 직장도 주신 것이었다.

우리는 모두 우리 힘으로 모든 것이 이루어지는 줄로 착각한다. 부모의 피와 땀, 헌신과 믿음과 기도로 오늘의 우리가 있는 것을 알지 못하고 부모님께 감사하지 않는다. 오늘의 내가 부모의 피와 땀, 헌신과 기도, 믿음으로 이루어 진 것을 알면 어찌 감사하지 않을 수 있겠는가?

머리 숙여 감사할 따름이다. 완전한 부모는 없다. 불평을 찾기보다 좋은 점을 찾으면 감사하게 될 것이다.

감사와 자녀

어떤 아이가 어느 날 학교 시험에서 85점을 받았다. 너무 신이 났다. 항상 50, 60점을 받다가 85점 시험지를 엄마가 보면 크게 기뻐할 것이라 생각하고 집으로 달려왔다.

엄마 앞에 시험지를 딱 내어놓았는데 엄마가 시험지를

살피다가 "문제가 쉬웠나 보네"라고 했다.

아이는 그만 힘을 잃고 말았다. 격려해 주어야 할 때에 이런 불신형의 엄마는 좌절감을 준다. "옆집 철수는 몇 점 받았어?"하고 말하는 비교형 엄마, "이것만 안 틀렸으면 100점 받을 수 있었잖아" 하는 욕심형 엄마, "웬일이야 오늘은 해가 서쪽에서 뜨겠네"라고 말하는 조롱형 엄마도 있다. "야~ 잘했구나. 수고했다. 고맙다. 우리 아들!" 하고 격려하면 더욱 공부를 열심히 잘 하려고 할 것이며, 엄마와도 좋은 관계가 될 수 있는데, 좌절감을 주어 모든 좋은 것의 싹을 잘라 버리는 부모가 많다.

의외로 부모들이 자녀들을 비난하는 경우가 많다. 자녀의 좋은 점을 보는 부모는 자녀를 격려하고, 인정하고 칭찬한다. 그러나 자녀의 문제점만 보는 부모는 항상 질책, 무시하고 비난한다. 좋은 점만 있는 자녀가 어디 있는가? 자녀는 실수를 통해 배우고 익히며 좋은 가능성을 향해 나아가고 있다. 그 가능성을 키워 주고 좋은 점을 갖도록 해 주는 게 부모다.

자녀들을 바라볼 때 좋은 점을 찾으며 감사하는 부모가 되어야 한다. 애쓰며 공부하는 모습을 고마워 하고, 엄마를

도와 줄 때 고마워 하며 건강하게 자라 주는 것 고마워 할 때 자녀들은 감사를 배우며, 사랑을 배우며, 인생을 배우며, 부모의 기대 이상으로 자라서 훌륭한 인재가 되는 것이다.

감사와 부부

 부부모임에서 가끔 이런 질문을 해 본다. "자기 배우자에 대해서 100퍼센트 만족스런 분 손 들어 보세요." 그렇다고 손드는 사람은 없다.

내 마음에 100퍼센트 만족을 주는 배우자는 없다.

대부분 부부들이 한 번쯤은 이혼을 생각한다. 배우자에게 실망하기 때문이다. 그런데 이혼한 사람들의 공통점 1위가 후회한다는 것, 또 한번 이혼한 사람들의 재혼시 실패율이 초혼보다 20~30% 더 높다는 것이다. 다른 사람은 모두 행복하게 사는 것 같고 다른 배우자는 내 배우자보다 잘하는 것 같지만, 그것은 가장 큰 착각이다. 내 눈이 변하지 않으면 결코 만족스런 배우자는 없다.

장미꽃을 보면서 가시를 보고 "왜 이렇게 가시가 많아?

가시만 없으면 딱 좋겠는데…" 하는 사람이 있는가 하면, 꽃잎을 보고 "참 색상이 좋다"에 감탄하고 또, 향기를 맡으면서 "흠~ 꽃내음이 너무 좋아" 하고 감탄하는 사람이 있다.

사람은 누구나 단점과 장점을 함께 가지고 있다. 다만 배우자의 부족한 점을 보며 불만을 가지는 사람이 있는가 하면 배우자의 좋은 점을 보고 만족해 하며 감사하는 사람이 있을 뿐이다.

불평의 눈으로 보면 불평이 보이고 감사의 눈으로 보면 감사가 보인다.

교회와 감사

대전에서 목회하던 때 일이다.

어느 날 결혼하고 새롭게 신앙생활을 시작하고자 하는 부부가 교회에 등록했다. 그런데 남편이 대학을 나왔지만 직장을 구하지 못해 아내의 수입으로 생활하는 터라 부부는 직장을 얻기 위해 마음고생을 하고 있었다.

그 부부에게 힘들지만 새벽기도에 나와서 같이 기도하자고 권해서 나오기 시작했다. 상황이 이렇게 되자 우리 부부의 기도는 절절한 마음이 되었다. "하나님! 그동안 하나님 곁을 떠났다가 새롭게 하나님을 믿고 살려는 저들의 기도를 들어 주셔서 좋은 직장을 얻게 해 주옵소서. 낙심치 말게 하시고 꿈을 주시옵소서." 그 부부가 새벽기도를 나오기 시작한 어느 날 함께 식사를 하는 중에 아내가 넋나간 사람처럼 숟가락을 든 채 눈을 감고 중얼거리며 기도하고 있는 것이다.

"여보, 뭘 해요?" 하자

깜짝 놀라더니 "그 부부 직장을 생각하다 보니까…" 내 눈에 눈물이 핑 돈다. 웃으며 말했다. "당신도 팔자요 팔자" 그 형제가 취직이 될 때까지 아내의 이런 넋나간 듯한 기도는 계속되었다.

결국 그 형제는 수십 대 일의 경쟁률을 뚫고 은행에 취업이 되었다. 뒤돌아보면 우리 부부는 자녀를 위해서도 이렇게 기도해 본 적이 없다. 그런데 성도들을 위해 애끓는 마음으로 기도해 본 적은 많다. 잠을 자다가도 어려운 성도가 생각나서 자리를 뒤척이며 기도하는 것이 한두 번이 아니요, 심지어 길을 가면서도 기도할 때도 있었다. 이 마음을 누가 알겠는가? 하나님만이 아실 것이다.

우리는 목회자의 사랑과 눈물과 애끓는 기도를 통해 하나님의 은혜를 받고 있다. 100퍼센트 좋은 교회, 100퍼센트 좋은 목회자도 이 세상에 없다.

불평의 뇌 세포, 감사의 뇌 세포

세상에 좋은 것만 가진 사람은 없다.

나 자신도, 부모도, 자녀도, 배우자도, 직장도, 환경 등 모든 것에 장단점이 함께 있다.

은혜의 사람, 축복의 사람은 항상 좋은 것을 찾아 감사한다. 그러나, 불행한 사람은 어디든, 무엇이든, 문제를 찾아 문제를 보고 불평한다. 자신에 대해서도 단점에 집착하여 열등감에 빠지고 직장에서도 불평거리를 찾아 불평한다. 배우자에게도 자녀들에게도 부족한 것을 보고 불평한다.

항상 어디를 가든지 무엇을 하든지 만족이 없다. 자신에 대해서도 끊임없이 더 나은 나를 요구하고, 모든 사람, 모든 것에 문제를 찾는다.

좋지 못한 점을 찾는 불평의 뇌 세포가 뇌를 지배하기 때문이다. 이런 인생을 전환시키기 위해 무엇이 필요할까? 그 해답이 감사다. 감사를 시작하면서 나의 생각, 마음, 삶, 신앙, 모든 것이 감사로 변하기 시작한다.

우리의 뇌는 약 140억 개 세포로 형성되어 있다고 한다. 문제점을 찾아 불평을 하다보면 점점 뇌 세포가 불평 세포의 지배를 받으면서 불평의 사람이 되어 간다.

반대로 좋은 점을 찾아 감사하기 시작하면 감사 뇌 세포가 확대되어 감사 코드가 형성된다.

모든 것은 좋은 것과 좋지 못한 것이 함께 있다는 사실을 발견하고, 좋은 것을 찾아 감사하면 감사의 세포가 확장되어 불평의 세포가 사라지고, 감사가 생각과 마음을 지배하여 감사의 사람이 되는 것이다.

감사를 하다 보면 점점 감사에 중독되어 가는 자신을 발견하게 된다. 감사를 하면 할수록 은혜가 충만해진다.

불평할 환경이 있는 것이 아니라 불평하는 사람이 있다. 감사하는 환경이 있는 것이 아니라 감사하는 사람이 있다. 어떤 사람이 꿈속에서 천국에 가게 되었다. 천국에 여기저기를 구경하는 중에 별도로 담을 치고 사는 사람들이 있었다. 안내하던 천사에게 물었다. "저곳은 무엇하는 곳인가요?" "구경해 보시겠어요?" 그래서 천사의 안내를 따라 가 보았는데 그곳 사람들의 말을 들어보니 "천국에 오니 심심해 죽겠다. TV도 없어서 야구도 못 보고 연속극도 못 보고 컴퓨터가 없어서 게임도 못한다"고 불평하고 있었다. 불평하는 사람은 천국에 살아도 불평한다.

처음 미국에 갔을 때 미국은 그야말로 지상 낙원으로 느껴졌다. 내가 있던 시애틀 지역의 날씨는 한국의 드높은 가을 하늘 같으며, 가슴을 시원케 하는 쾌적한 공기와 바다에 떠있는 그림 같은 돛단배… 어디든 넓고 넓은 잔디며 넉넉한 공간들, 그런가 하면 친절한 사람들의 미소와 배려해 주는 따뜻한 마음들…. 아마 천국이 이런 곳일 거라는 상상을 하면서 우습게도 이때 난 비로소 천국의 기쁨과 소망을 실감하게 되었다.

한국의 좁은 가게, 좁은 길거리, 부딪히는 사람들, 길거리에도 부딪히고…. 무슨 일을 해도 흡족하게 해 주는 이가 별로 없는 사회(?) 그뿐인가? 독재 시절의 그림자가 사회 도처에 깔려 있을 때 시애틀은 천국으로 느껴졌다. 나

뿐 아니라 한국사람들이 이민을 결심할 때 대부분 이런 환상을 가진다. 그런데 얼마 안 가서 불평하는 사람들은 불평하기 시작한다. 이민자들 중에는 모이면 불평 불만을 주요 대화로 삼는 사람들이 더러 있다. 왜냐하면 불평하는 사람들은 어디서든 불평거리가 있기 마련이다.

배우자를 처음 만날 때 대체로 만족해하고 감격스러워한다. 그런데 이 감격이 시간이 지나면서 불평으로 변한다. 배우자가 변한 것이 아니다. 본래 자신을 지배하던 불평 불만이 나타나는 것이다. 불평하는 사람은 어디든 불평거리를 찾아 불평하지만 좋은 점을 찾아 감사하기 시작하면 나의 생각은 감사와 평안, 기쁨과 은혜로 변해갈 것이다. 불평스런 환경이 있는 것이 아니라 불평하는 사람이 있으며 감사할 환경이 있는 것이 아니라 감사하는 사람이 있다.

자신에게서도 감사할 것을 찾고 환경 속에서도 감사할 것을 찾아라! 무엇이든지 좋은 것을 찾아 감사하자. 행복의 파랑새는 바로 내 안에 있다. 좋은 점을 찾아 감사하기 시작하면 솔로몬에게 큰 축복이 임하듯 행복한 삶, 축복의 삶이 열리게 될 것이다.

돌이켜 감사

사람들이 가장 많이 불평하는 것이 어려운 상황에 직면하게 되었을 때다. 작게는 시간이 급한 가운데 전철을 타려고 뛰어가는데 간발의 차이로 전철이 떠나버려서 그 뒤꽁무니를 바라볼 때 마음이 답답하고 짜증이 나기도 한다. 크게는 모함을 당하거나, 좋지 못한 사람을 만나거나, 가정 또는 직장이나 사업이 어려운 환경일 때 불평 불만에 빠져들게 된다.

요셉의 축복

요셉은 형들의 미움을 받아 애굽의 노예로 팔려갔다. 그는 고향으로 돌아갈 기약이 없어졌을 뿐 아니라 노예로 살다가 언제 어떻게 죽을지도 모르는 절망의 늪에 던져졌다.

노예생활에서 조금 안정을 갖게 되자 이번엔 모함으로 인해 감옥으로 갔다가 극적으로 애굽의 국무총리가 되고, 자신을 노예로 던진 형들을 만난다. 그때 요셉이 말하기를

> "근심하지 마소서 한탄하지 마소서 나를 이리로 보낸 자는 당신들이 아니요 하나님이시라 하나님이 나로 바로의 아비를 삼으시며 그 온 집의 주를 삼으시며 애굽 온 땅의 치리자를 삼으셨나이다"(창 45:5, 8)

이 말 속에 고통 중에서도 요셉의 삶이, 요셉의 감사가 그대로 드러난다. 자신을 노예로 내던진 형들을 보면서도 분노의 마음을 돌이켜 감사한 것이다. 형들이 나를 판 것은 하나님이 우리 가족의 생명을 구원하려고 나를 먼저 이곳으로 보낸 섭리였다는 것이다. 그는 분노를 돌이켜 감사했다.

콜린파월의 감사

 이라크의 쿠웨이트 침공으로 시작된 미국과 이라크 전쟁, 걸프전의 영웅이었던 콜린 파월(Colin Luther Powell) 장군이 17세 때 처음으로 콜라 공장에 아르바이트를 나갔을 때 공장감독은 백인 아이들에겐 의자에 앉아 병에 콜라를 채우는 일을 하게 했으나 자신은 흑인이라고 걸레봉과 빗자루를 주며 청소를 하게 했다. 어쩌면 열등감, 분노로 씩씩거릴 법도 하지만 그 마음을 돌이켜 자신에게 아르바이트를 할 수 있는 기회를 주는 감독에게 감사히 생각하며 최고의 청소부가 되기로 작정하고 열심히 일했다고 한다. 아르바이트가 끝나고 나오는 날 감독은 흐뭇한 모습으로 "자네 일을 잘하는군!" 하였다. 그는 "제게 배울 수 있는 기회를 주셔서 감사합니다."라고 답했다. 그 다음 해 그 감독은 그에게 콜라 병을 채우는 일을 맡겼고 그 다음 해엔 부감독으로 일하게 했다.

 1997년, 호주에서 돌아와 대전에서 지하에 교회를 개척한 적이 있었다. 온통 캄캄한데 창가로만 한줄기 빛이 들어오는 게 마치 지하 감옥 같은 곳이었다. 그러나 우리 부부는 여름에는 시시때때로 시원해서 좋다. 겨울엔 따뜻해서 감사하다고 입버릇처럼 말했었다. 그래서일까? 하나님은 지하교회 1년 만에 IMF 중에도 교회를 건축하게 해 주셨다.

하나님은 돌이켜 감사하는 사람에게 보다 더 큰 은혜를 주신다. 한국 기독교의 성자이신 한경직 목사님의 설교집에 이런 이야기가 나온다.

"어떤 잘 믿는 할아버지 한 분이 있었는데 언제나 '감사합니다' '감사합니다' 하고 다니니 '감사 할아버지' 라는 별명을 듣게 되었습니다. 이 할아버지가 한번은 시장에 나가서 고기 한 근을 사 가지고 돌아오다가 돌부리에 걸려 넘어지는 바람에 고기를 논에 떨어뜨렸습니다. 때마침 한 마리 개가 곁을 지나다가 고기를 물고 달아납니다. 떠나간 개의 뒷꽁무니를 바라보며 할아버지는 '감사합니다, 감사합니다' 하고 있었습니다. 때마침 어떤 젊은이가 이를 보고 '무엇이 감사한 일입니까?' 라고 물었습니다. 그때 할아버지께서 하신 말이 '이 사람아, 고기는 잃어버렸으나 내 입의 입맛은 그냥 있다네' 라는 것이었습니다."

역시 '감사 할아버지'이시다. 역성을 부릴 상황에도 돌이켜 감사하고 있다. 어려움을 만날때, 한숨 쉬고 짜증내고 분노한다고 해서, 어떤 좋은 일이 있겠는가? 고통만 가중될 뿐이다.

코리아 헤럴드(Korea Herald)의 애니아의 메일박스(Annie's Mail box)에 「감사할 일들」이란 제목으로 자신의 감사를 소개했는데, 그 중 일부를 보면

1. 납부해야 할 세금을 감사하라. 왜냐하면 일할 수 있는 직장이 있기 때문이다.
2. 연료 값 청구서를 감사하라. 왜냐하면 따뜻하게 살고 있다는 것을 뜻하기 때문이다.
3. 세탁할 빨래들에 감사하라. 왜냐하면 입을 옷들이 많다는 것이기 때문이다.
4. 주차장이 떨어져 있는 것을 감사하라. 왜냐하면 걸을 수 있음을 뜻하기 때문이다.
5. 아침에 울리는 자명종 소리를 감사하라. 왜냐하면 살아있음을 뜻하기 때문이다.

삶의 모든 것에 감사가 함께 있다. 돌이켜 감사하면 감사할 것이 더 많다는 것을 보여 주는 글이다.

운동하게 하신 하나님

　서울지역 선릉 쪽으로 일을 보러 나가는 내게 딸아이가 부탁 하나를 해왔다. 핸드폰 A/S를 받았으면 좋겠는데 선릉 쪽의 서비스 센터에서 A/S를 받아 달라는 것이다. 약도를 그려 주길래 쉽게 생각하고 받고 나와서 일을 마치고 딸이 말한 서비스 센터를 찾아가게 되었다.

　그런데 약도대로 가도가도 보이지 않아 이 사람 저 사람에게 묻고 물어 앞으로 갔다가, 뒤로 갔다가 서비스 센터 간판을 찾기 위해 헤맸다. 여름이라 잎이 무성한 플라타너스 나뭇잎 사이를 휘집고 보고 보아도 도무지 나타나지 않았다. 1시간이 훌쩍 넘어가고 거기에다 또 무거운 가방까지 들었던 터라 불쾌지수가 올라가며 짜증이 나려고 했다.

　'약도를 어떻게 그렸길래 찾을 수가 없어!' 이때 돌이켜 감사를 생각했다. 그래 지금 무엇으로 감사할까? 이 생각을 하면서 살펴보니 온몸이 땀에 흠뻑 젖어 있었다. "아! 그렇지 오늘 바빠서 아침 운동을 못했는데 하나님이 운동을 하게 해 주시는구나. 그렇구나! 하나님, 좋은 운동시간을 갖게 되어 감사합니다." 이렇게 감사하자 마음 속의 짜증이 한순간에 안개처럼 사라지고 평안과 행복감으로 마음이 환해진다. 그 후로 30분을 묻고 물어 서비스 센터를 찾게 되었다. 결국 딸이 잘못 알고 그린 약도로 인해 생긴 일이지만, 딸에 대한 짜증보다는 덕분에 운동 한 번 잘 했다고 생각하니 감사가 되었다.

과태료

 우리는 운전을 하다가 교통위반에 걸려 과태료를 물게 되면 마음이 편하지 않다. 나 역시 그랬다. 과태료보다 마음의 스트레스를 받는 것이 몇 배 더 비싼 과태료를 만든다. 그래서 어떻게 감사할까 생각하다 과태료가 아니라 돌이켜 국가에 기부하는 기부금으로 생각하고 감사하기로 했다. 그때부터 마음의 불쾌감이 사라지고 오히려 흐뭇해졌다.

내가 낸 기부금으로 도로도 만들고 교통시설도 만들어 더욱 편안하게 되는구나 생각하니 이제 전혀 불쾌하지도 않고 오히려 기분이 좋아진다.

성경은 "무엇이든지 감사로 받으면 버릴 것이 없다"(딤전 4:4)고 했다.

그렇다. 우리 인생의 모든 것은 버릴 것이 없다. 모든 것이 인생의 자원이요, 축복의 재료이다. 그러므로 모든 것을 돌이켜 감사로 받으면 고통보다 몇 십 배, 몇 백 배 더 좋은 것을 얻게 된다. 크고 작은 어려운 상황을 만나더라도 돌이켜 감사하고 살아간다면 분명 행복한 인생, 축복된 인생이 될 것이다.

비교감사

언젠가 친구 목회자가 글을 보내왔다. 나의 사역을 보면서 점점 한국교회에 영향력이 커지고, 인정을 받는 모습을 보면서 부러움을 느끼며 자신은 초라함을 느끼게 된다는 것이다. 난 그에게 답장을 썼다. "난 목사님이 부럽다. 특수 사역 현장에 있다보니 사역은 확대되나, 재정의 한계로 사역을 활발히 하지 못할 때가 많다. 교회지원 속에 안정적으로 사역하는 분들이 부러울 때가 많다. 크고 작은 것이 중요한 게 아니다. 무엇이든 어디서든 하나님이 주신 사역에 최선을 다하여 하나님의 인정을 받는 것이 중요하지 않는가?"

어려서부터 축구 선수로 활동하였으나 성년이 되어서 갈 곳이 없는 선수는 아무 실업팀이라도 갔으면 좋겠다고 생각하며 실업팀 선수를 부러워한다. 실업팀 선수는 K리그 팀에 들어가는 게 소원이요, K리그에 들어가면 이제 국가대표 선수가 되기를 소원한다. 국가대표 선수가 되면 주전으로 뛰는 선수를 부러워하고, 주전으로 뛰는 선수는 외국 팀에서 뛰는 선수를 부러워하고….

사람들은 항상 위를 쳐다보고 비교하며 한숨을 쉰다. 이런 삶은 끊임없이 행복의 파랑새를 찾는 고달픈 삶이 될 뿐이다.

첫째, 비교감사는 아래를 보는 감사다.

연예인에게서 배우는 인생

가끔 연예인들의 이야기를 들으며 인생을 배우게 되는데, 어느 날 '태진아'라는 가수의 인생관을 들으며 흐뭇해졌다.

그는 자신보다 나은 사람을 생각하며 의기소침해지지 않는다고 한다. 항상 자기보다 못한 사람을 생각하면서 감사한다고 한다. 다른 사람은 가수생활이 다 끝났는데 자신은 톱가수는 못 되어도 아직도 불러 주니 감사하다는 것이다.

서울의 역삼동의 반지하 빌라에 사는 한 집사님은 지하방이라 곰팡이가 피고 냄새가 나는데도 감사한다고 한다. "반지하라 냄새는 조금 나지만 사업장과 가까우니 얼마나 좋은지요. 여기서 사업하는 다른 분들은 여기서 보통 한, 두시간 출퇴근하며 다니니 얼마나 힘들겠어요. 저는 거기에 비하면 너무 감사하죠."

뱁새가 황새를 따라가면 다리가 찢어진다고 한다. 나보다 나은 것과 비교하면 불행해지지만 나보다 못한 것과 비교하면 감사하고 행복해진다.

둘째, 비교감사는 또한 어렵던 때를 생각하며 감사하는 것이다.

개구리 올챙이 시절 모른다는 말이 있다. 올챙이 시절을 잊어버리면 욕심만 가득해지고 불만만 커진다. 그러나 어려웠던 적을 생각하면 감사하게 된다. 나는 식사를 할 때면 불평스러울 때가 많았다. 아내의 가정식사 패턴과 내가 자란 가정의 식사 패턴이 너무 판이했다. 나의 가정에는 항상 된장찌개가 있었다. 반면에 아내가 살아온 가정은 항상 김치찌개를 먹는 가정이었다. 그러니 내게 있어 식탁이 무척 곤욕스런 자리였다. 그러나 이제, 감사의 자리가 되었다. 이제는 서로 식성이 비슷해지기도 했지만, 나 자신이 어려웠던 시절을 생각하면서 뭐든지 감사하기 때문이다.

나의 어린 시절 한창 나라가 어려울 때 굶는 사람이 많았다. 우리 집은 그나마 형편이 좀 나은 편이었지만 그래도 밀가루로 만든 수제비만 한 달여 동안 먹을 때도 있었다. 때때로 허기진 배로 보낸 때를 생각하면서 식탁을 대하며 감사한다. 그때를 생각하면 밥 한 그릇, 반찬 몇 가지였지만 감사가 몰려온다.

그런가 하면 잠자리에 누울 때 자리를 쭉 뻗으면서 감사하는 습관이 생겼다. 비행기 여행을 하다 보니 장거리 여행 시엔 비행기 내에서 잘 때가 있다. 그때 비로소 다리 쭉 뻗고 편히 누워서 자는 일이 얼마나 좋은 것인지를 알게 되었다. 그후로부터 잠자리에서, 좌우로 뒤척이고 다리 뻗고 자는 것이 얼마나 감사한지 모른다.

달랑 식빵 하나 놓고 기도하는 엔스트롬(Enstrom)의

'노인과 식탁의 기도'라는 그림이 떠오른다. 얼마나 아름다운 기도이며 감사인가? 성경은 "우리가 먹을 것과 입을 것이 있은즉 족한 줄로 알라"(딤전 6:8)고 했다.

바울은 "어떠한 형편에든지 나는 자족하기를 배웠노니, 나는 비천에 처할 줄도 알고 풍부에 처할 줄도 알아 모든 일 곧 배부름과 배고픔과 풍부와 궁핍에도 처할 줄 아는 일체의 비결을 배웠노라"(빌 4:11~12)고 했다. 그것은 바로 아래를 보며 감사하고 어렵던 때를 생각하며 감사하며 부족함에도 감사할 때 가능해질 것이다.

만취한 남편

집사 한 분이 남편이 늦게 들어온다고 항상 불만이다. 그리고 그로 인해 다툼이 잦다한다. 한번은 감사하라는 설교를 듣고 나를 찾아왔다. 밤마다 기다리는 고통이 보통이 아니라는 것이다. 잠들 만하면 술에 취해 들어와서 밥 달라며 잠까지 못 자게 한다는 것이다.

내가 말했다. "그렇죠. 무척 힘든 일입니다. 그런데 고통스럽다는 생각에 집착하면 더 고통스러워지고, 또 그런다고 남편도 일찍 들어오지도 않지 않습니까? 그러니 이렇게 생각해 봅시다. 그래도 밤늦게 와서 술 주정하는 사람도 많은데 우리 남편은 그래도 술 주정은 하지 않는다. 술 마시고 외박하며 바람 피우는 남편도 있는데 우리 남편은 아무리 늦어도 외박은 안 하고 외도도 안 한다. 더 어려운 상황과 비교하며 감사해 보면 어떻겠어요? 위를 쳐다보면 불만스러울 수밖에 없지만 아래를 보면 감사할 수 있어요. 집사님은 어렵겠지만 감사하면 남편에게 분명 변화가 일어날 것입니다."

　이 말을 들은 집사는 고개를 끄덕이며 돌아가서 그 권고를 생각하며 감사하기 시작했다. 그러자 마음이 평안해지며 마음에 들끓던 불만도 조금씩 사라졌다. 그러니 자연히 남편을 대하는 태도도 달라졌다. 남편이 늦게 오는 시간, 남편을 향한 들끓는 마음에서 남편의 입장을 생각해 보게 되었다. 남편이 직장에서 얼마나 스트레스가 많을까? 지쳐 있는 남편의 모습을 생각하며 처음으로 안타까운 마음이 들더라는 것이다. 그리고 보니 집에 들어온 남편이 술은 취해도 술 주정은 안하고 자기 눈치를 보는 남편을 보니 이전의 미움과 분노의 마음은 온데 간데 없고 불쌍하게 보이더란다. 이 가정에 몇 달이 지나지 않아 변화가 일어났다. 술 취해 들어오는 날이 줄어들면서 어느 날부터인가 부부 사이가 좋아지기 시작하면서 웃음꽃이 피는 가정이 되었다. 그 집사님이 말했다. "지옥은 불평으로 이루어지고, 천국은 감사로 이루어짐을 실감했노라"고.

감사가 있는 곳에 천국이 이루어진다.

믿음감사

인간만사새옹지마(人間萬事塞翁之馬)란 말이 있다, 새옹지마란 중국 새상(塞上 : 북쪽 국경)에 사는 노인(老人)의 말(馬)이 간 곳이란 말이다. 북방 국경 근방에 한 노인이 살고 있었는데 하루는 그가 기르는 말이 아무런 까닭도 없이 도망쳐 오랑캐들이 사는 국경 너머로 가버렸다. 마을 사람들이 위로하고 동정하자 노인은 "이것이 또 무슨 복이 되는지 알겠소" 하고 덤덤히 말했다.

몇 달 후 뜻밖에도 도망갔던 말이 오랑캐의 좋은 말과 같이 돌아오자 마을 사람들이 이것을 축하하였다. 그러자 그

노인은 "그것이 또 무슨 화가 될는지 알겠소" 하고 덤덤히 말했다.

그런데 집에 좋은 말이 생기자 전부터 말타기를 좋아하던 노인의 아들이 그 말을 타고 달리다가 말에서 떨어져 다리가 부러져 불구가 되었다. 마을 사람들이 아들이 불구가 된 데 대하여 위로하자 노인은 "그것이 복이 될는지 누가 알겠소" 하고 태연한 표정이었다.

그런 지 1년이 지난 후 오랑캐들이 쳐들어왔다. 장정들이 싸움터에 나가 모두 전사하였는데 노인의 아들만은 다리가 불구여서 전장에 나가지 않아서 아들이 무사할 수 있었다. 인생에 일어난 일들이 좋은 것도 나쁜 것이 될 수 있고, 나쁜 것도 좋은 일이 될 수 있다는 것이다.

하나님은 우리에게 말씀하셨다. "하나님을 사랑하는 자 곧 그 뜻대로 부르심을 입은 자들에게 모든 것이 합력하여 선을 이루느니라"(롬 8:28)

'모든 것이 합력하여' 란 것을 원어적으로 보면 '모든 것이 서로 서로 작용하여' 란 말이며 '선' 은 원어로 아가도스($\alpha\varsigma\gamma\alpha\theta\grave{o}^{\top}$)로 '좋은, 훌륭한, 가치 있는' 을 뜻한다. 하나님은 모든 것을 서로 작용하여 좋은 것, 귀한 것, 훌륭한 것,

가치 있는 것을 이룬다는 것이다.

그렇다. 다이아몬드가 어떻게 귀한 보석이 되는가? 캐내어지고 갈고, 닦고 또 모양과 광채를 내고 그것을 좋은 틀에 넣어서 비로소 귀한 보석이 된다.

우리 하나님을 믿는 자에게 분명한 것이 두 가지가 있다. 첫째, 하나님은 모든 것이 서로 작용하게 하여 좋은 것을 이루신다. 둘째, 하나님은 화가 변하여 복되게 하신다(신 23:5)는 것이다.

이 하나님을 바라보고 감사하는 것이 믿음감사이다. 어려운 일을 당해도 모든 것이 서로 작용해서 협력하여 좋은 것을 이루어 주시는 하나님! 화가 변하여 복되게 하실 하나님을 보고 감사하는 것이다.

어려움을 통해 오는 축복

1993년 호주에서 나를 초청하겠다는 호주의 모 신학대학 학장으로 부터 직위와 호주 영주권을 보장하겠다고 제안하여 한국의 목회와 거처까지 정리하고 영주권이 나오길 기다리는데 통 소식이 없어 전화로 문의하면, 호주 이민성에 영주권 신청을 해 두었으니 기다리라는 말만 되풀이하는 것이었다.

대학의 학장 신분인지라 신뢰로 시작된 일인데 무언가 다른 느낌이 들었지만 어떻게 될 것인지 알 길이 없어 막막하게 보내던 중 그렇다면 호주 이민성에 직접 알아보자는 생각이 들어 시드니에 있는 이민성마다 알아본즉 내 이름으로 영주권 신청 들어온 것이 없는 게 아닌가?

그때 나는 영주권이 나온다는 학장의 말을 믿고 이미 호주로 가기 위해 모든 정리를 마쳤는데 학장이라는 사회적 지위를 가진 사람이 얼마의 돈을 얻기 위해 거짓말을 한 것이 무척 화가 났다.

영주권 신청, 외국인 채용 허가에 드는 비용은 내가 부담해야 한다며 경비를 가져갔었다. 나는 호주에서 그 사람을 만나야 해결될 수 있는 상황이고 또 한국에 목회 등 모든 것이 정리되어 어쩔 수 없이 호주로 들어가야 할 상황인지라 호주로 갔다.

그때 아내가 말했다. "여보, 감사합시다. 하나님이 모든 것을 합력하여 선을 이루실 것입니다. 그 학장과도 좋게 좋게 해결하세요."

우리 가족은 가진 돈도, 비자도, 사역지도 없이 3개월 방문 비자로 호주 생활을 시작하였다. 나는 그에게 책임추궁을 하고 싶었지만 아내의 계속된 감사의 권고에 다시 환불 받는 것으로 모든 것을 덮기로 했고, 모든 것을 합력하여 선을 이루시는 하나님을 믿고 감사하기로 했다.

그런데 결과적으로 우리 아이들은 호주에서 초등학교 시절을 보내면서 자연스럽게 영어를 익혀서 평생 영어 고민 없이 살게 되었고, 나는 '생명언어학'을 개척하고 생명언어 프로그램을 연구하여 확립하게 되었다. 호주는 나와 우리 가족에게 큰 축복의 땅이 되었다. 화가 변하여 복이 된 것이다.

고통의 법칙 1

고통에는 반드시 하나님의 보상이 있다.
하나님은 반드시 내가 받은 고통의 30, 60, 100배의 좋은 열매로 보상을 주신다.

이삭은 생활 근거지가 되는 우물을 팠으나 블레셋 사람들에게 세 번이나 빼앗기는 고난이 있었다. 하나님은 이삭을 괴롭히던 블레셋의 아비멜렉 왕이 신하를 대동하고 이삭을 찾아 와서 화친을 맺기를 간청하게 한다.

"너는 우리를 해하지 말라 이는 우리가 너를 범하지 아니하고 선한 일만 네게 행하며 너로 평안히 가게 하였음이니라 이제 너는 여호와께 복을 받은 자니"(창 26:29)

요셉은 형들이 그를 노예로 팔아 보디발의 종이 되고, 보디발의 아내의 모함으로 감옥에 들어갔지만 하나님은 형들로부터 받은 고통, 보디발 아내로부터 받은 모함보다 더 큰 은혜를 주셔서 애굽의 총리가 되게 하셨다. 다윗은 사울로부터 숱한 고통을 받았지만 하나님은 사울을 꺾고 다윗을 왕의 자리로 높여 이스라엘에 가장 성군이 되게 하셨다. 하나님은 반드시 우리의 고난에 30, 60, 100배의 더 큰 축복을 보상을 준비하고 계신다. 이것이 고난의 법칙이다. 이것이 곧 "하나님이 모든 것이 합력하여 좋은 것을 이루신다"는 것이며 "화가 변하여 복이 되는 것이다."

횡포꾼으로 부터 온 보상

 2004년 나는 생명언어운동에 전념하고자 교회 목회를 사임하고 퇴직금으로 받은 적은 돈으로 생명언어운동, 영성운동의 근원지가 될 센터를 건립하기 위해 수도권 지역을 수개월간 찾고 찾아 조용하고 아늑하고 전망 좋은 땅을 구입하였다.

 그런데 이 땅에 건축을 하려면 땅 아래쪽과 위쪽으로 도로가 연결되는데 우리 땅이 이 도로와 연결되려면 어느 쪽이든 한 10평 정도를 구입해서 편입하든, 아니면 원래 도로로 사용하고 있는 곳이라 그 땅 주인이 도로 사용허가를 해 주면 건축허가가 날 수 있는 것이다. 처음 땅을 파는 사람이 그 땅 주인에게 도로 사용허가를 받아 주겠다고 하여 그 땅을 구입을 하였다. 그후에 건축하고자 길 주위 땅 주인 두 사람에게 팔든지 도로 사용 허가를 해 달라고 부탁하였는데 두 사람 모두 시가의 10배 이상 가격으로 그것도 일부분이 아닌, 한 필지 1,000평이 넘는 땅을 모두 사라는 것이다. 이미 도로로 쓰고 있는 땅인데 건축허가를 빌미로 해서 수억의 부당한 대가를 요구하니 돈이 있으면 사 버릴 수도 있지만 그들이 요구하는 엄청난 돈은 없고, 여러 가지 감정이 교차하여 마음이 복잡해졌다. 그러나 하나님을 믿고 믿음으로 감사하기로 했다. 하나님은 모든 것을 작용하여 좋은 것을 이루시는 분이시기 때문이다. 건축 계획은 중단할 수밖에 없었고, 사역에 집중하고 있는데 1년쯤 지난 어느 날 동네 분이 우리 땅과 가까운 자신의 논을 사라는 것이다.

그런데 이 논을 구입하면 저희 땅으로 들어오는 진입로가 연결되어 있고, 또 고가로 자기 땅을 사라고 횡포를 부리는 사람도 이 땅을 진입로로 하여 들어올 수 있게 되어 이 땅을 구입하면 그 사람 진입로를 우리가 가지게 되기 때문에 1,000평을 시가 10배 이상으로 구입하라는 사람과 협의가 가능한 것이다.

당신 땅도 언젠가는 건축할 텐데 그때 우리도 도로 사용 허가를 해 줄 테니 지금 우리에게 도로로 되어 있는 당신 땅 사용 허락을 해 달라면 거절하지 못할 상황이기에 구입을 하면 딱 좋은 땅이었다.

그런데 땅을 구입할 돈이 없는 것이다. 참 좋은 기회인데 어떻게 할까 하면서 기도하는 중, 담보로 대출을 받아

보면 어떨까 하는 생각이 번개처럼 떠올라서 등기등본을 떼어 보니 이 분이 이미 대출을 받고 있는지라, 대출해 준 은행에 가서 상의하니 우리가 이미 가지고 있는 땅과 합해서 대출 신청을 하면 논 구입비가 모두 대출로 가능하다는 것이다. 그래서 서둘러 대출을 받아 이 논을 구입하게 되었다.

그러나 막상 구입은 했지만 건축비 문제로 건축을 못하고 있는데, 몇 달이 지난 후 뜻밖에 어느 분이 시가의 세 배가 넘는 가격으로 우리 땅을 구입하겠다고 제의해 왔다. 그러던 차에 또 가까운 지역에 센터를 건립하기에 좋은 땅이 나와서 우리는 그 땅을 팔아 몇 배가 더 크고 더욱 전망이 좋은 새로운 센터 부지를 구입하게 되었다. 속상하고 답답한 시간이었지만 하나님은 모든 것을 합력하여 좋은 것을 이루시고 우리가 받은 어려움의 몇 십 배 더 큰 보상을 해 주신 것이다.

지나고 보면 모든 것이 합력하여 좋은 것을 이루어 가시는 하나님께 감사 드리지 않을 수 없다.

지금껏 인생을 사는 동안에 모든 일에 있어서 이 고통의 법칙이 작용한 일이 한두 번이 아니다. 근무하는 학교에서 다른 교수가 나의 전공 강의를 나보다 먼저 강의 계획서를 내는 바람에 나는 나의 전공을 강의 할 수 없게 되었다. 무척 당황스런 일이었다. 나의 전공을 묻어두어야 한다는 게 보통 속상한 일이 아니었다.

나는 생각하다가 이 강의를 프로그램으로 만들어 대외적으로 집회를 시작했다. 그런데 집회를 진행하다 보니 강의에서 나올 수 없는 치유와 변화가 나타나면서 오늘 놀라운 치유와 변화와 성숙을 이루는 영성수련, 내면치유 프로그램인 '유카리스티아'(ευχαριστία)가 되었다. 하나님은 우리의 고통보다 몇 십 배 더 큰 은혜를 준비하신다. 그러므로 우리는 고통 속에서 좌절과 분노를 떨쳐버리고 좋으신 하나님을 보며 감사할 때 고통은 합력하여 몇 십 배, 몇 백 배 더 좋은 것으로 돌아올 것이다.

고통의 법칙 2

모든 좋은 것은 고통 속에 있다
 좋은 것은 고통 속에 있다. 이것을 알지 못하고 작은 어려움에 절망하고 불평하면 고통 속에 있는 큰 축복을 잃어버린다.

이스라엘 백성들은 광야 생활의 작은 어려움에도 불평했다. 광야는 젖과 꿀이 흐르는 축복의 땅으로 가는 통로이다.

이스라엘 백성들은 광야의 고통 속에 있는 더 크고 놀라운 가나안의 축복의 땅을 보지 못하고 절망하고 불평하다가 축복의 땅에 들어 갈 수 없었다.

몸에 좋은 약은 쓰다고 했다. 약치고 쓰지 않은 약이 없다. 보약도 쓰고 일반약도 쓰다. 그 쓴맛 속에 치료가 있고, 그 쓴맛 속에 건강이 있다. 모든 좋은 것은 고통 속에서 얻을 수 있다. 고통 없이 좋은 것을 얻을 수 없다. 고통에 절망하면 인생의 실패자가 된다. 고통 속에 있는 축복을 볼 줄 알아야 축복의 사람이 된다.

기독교 상담심리학의 아버지 풀 투르니에(Paul Trurnier)는 "자신의 불행한 과거가 인생에 큰 불행이라고 생각했는데 인생을 되돌아보니 그것이 자신에게 큰 행운이었다"고 했다.

레오나르도 다빈치(Leonardo da Vinci), 바하(Bach),

루소(Rousseau), 스탕달(Stendhal), 카뮈(Camus), 단테(Dante), 톨스토이(Tolstoi), 볼테르(Arouet), 바이런(Byron), 도스토예프스키(Dostoevskii), 푸시킨(Pushkin) 등 인류 역사에 선한 영향을 끼친 위대한 인물들이 모두 사생아나 고아들이었다.

고아라는 고통이 그 고통보다 몇 십 배, 몇 백 배 더 귀하고 가치 있는 것을 이루게 하였다.

조개 속에 들어온 모래알은 조갯살에 고통을 주지만 그로 인해 조개는 고통을 극복하기 위해 분비물을 내어놓고 그것이 뭉쳐서 값비싼 보석, 진주가 된다.

한 알의 씨앗이 싹을 내어 땅을 뚫고 나와 줄기를 뻗고 가지를 내어 꽃을 피우고 열매를 맺는다. 씨앗이 싹을 내며 솟아 나오는 것을 가로막았던 그 땅은 씨앗의 삶을 버텨주는 생명의 터전이 된다. 어둠의 땅 속, 그 땅을 뚫던 고통의 땅이 바로 자신의 뿌리를 든든히 세우는 생명의 터전이 되는 것이다.

모든 좋은 것은 고통 속에 들어 있고, 감사는 모든 고통을 넉넉히 감당하게 한다.

고통의 법칙 3

하나님은 감사의 재료로 모든 고통을 좋은 것으로 만드신다
 하나님은 어떻게 모든 고통을 좋은 것으로 만들어 주실까? 우리의 감사를 재료로 모든 좋은 것을 만드신다.

> "너희 말이 내 귀에 들린 대로 내가 너희에게 행하리니"
> (민 14:28)

 원망과 불평을 하면 하나님은 우리에게 좋은 것을 이루실 수 없다. 고통은 더 깊은 고통을 만들 뿐이다.
 하나님은 이스라엘 백성에게 젖과 꿀이 흐르는 땅을 주고 싶었으나 그들이 광야에서의 작은 고통에 원망하고 불평하므로 젖과 꿀의 땅으로 인도할 수 없었다. 원망 불평 대신 감사하면 그 감사를 재료로 모든 것을 합력하여 좋은 것을 이루시는 것이다. 마치 좋은 나무와 자재를 가지고 아름다운 전원주택을 짓는 것처럼 하나님은 우리의 감사를 통해 우리 인생에 좋은 것을 이루신다.

화재와 미국행

25여 년 전쯤 되었을까? 어느날 하나님이 마음속에 "서재를 옮겨라"는 말씀을 하셨다. 몇 번이나 같은 음성이 들렸으나 바쁜 관계로 차일피일 미루는 중, 갑자기 동네에 큰 화재가 났다. 불길이 치솟고 한순간에 모든 것이 새까맣게 변해 버렸다. 교회 청년회 인도하면서부터 준비한 설교문만은 그대로 남아 있는 것이 아닌가? 아! 감격하여 '주님! 감사합니다'를 연발했다. 너무도 신기하다. 설교문만 고스란히 남아 있다니… 아내도 같이 "이런 일이 있을 줄 아시고 서재를 옮기라고 말씀하신 하나님이 너무 감사해요." 그리고 두 사람이 잿더미를 보고 있는데, 아내가 뜻밖의 말을 한다. "여보, 하나님이 지금, 당신을 미국에 보내신답니다." "미국에?" "네, 미국에 보내신데요." 나는 그 말을 듣고 의아했다. 화재 당한 것과 미국가는 것이 무슨 상관이 있지? 그때는 미처 그 비밀을 깨닫지 못했었다.

후에 깨달은 것은 하나님은 이런 화재 중에도 우리가 드린 감사를 들으시고 미국 길을 여신다는 것이었다. 그로부터 얼마 후 뜻밖에 나는 미국에 가서 공부할 수 있는 길이 열렸다. 당시에 미국 비자를 내는 일은 보통 어려운 일이 아니었다. 비자 발급에 필요한 까다로운 조건들이 너무 많았다. 하지만 나는 미국 비자를 얻을 수 있는 조건이 전혀 갖춰져 있지 못했었다. 그러나 모든 것이 신기하게 진행되어 하나님의 약속대로 미국으로 가게 되었다. 하나님은 우리의 감사를 재료로 하여 모든 좋은 것을 만드시는 분이다.

에디슨의 발명품들

에디슨은 열차 차량에서 연구를 하다가 화재가 나는 바람에 역 직원에게 따귀를 맞아 청각장애자가 되었다. 하지만 그는 말하기를 "청각장애로 인해 다른 소리가 들리지 않아 연구에 몰입할 수 있어 감사했다"고 한다.

1914년 겨울, 미국 뉴저지 주 웨스트오렌지 시에 있는 그의 연구소가 화재로 몽땅 잿더미가 되었다. 그동안의 연구 실적과 실험 장비가 한순간에 잿더미가 된 것을 바라보며 노인 에디슨은 "우리의 잘못된 것은 모두 불타 버렸다

다시 시작하게 하신 하나님께 감사한다"는 놀라운 감사를 하나님께 올렸다.

수많은 발명을 마치 퍼즐 맞추듯 이루어 나간 에디슨! 그 에디슨의 수 많은 발명을 이루게 된 출발은 청각장애에서 또 연구 실적이 몽땅 날아가 버린 화재 속에서도 원망 불평하지 아니하고 감사했던 그 믿음의 감사가 일천가지 넘는 발명품을 만들어 내지 않았을까?

하나님은 요셉의 감사를 통해 애굽의 국무총리를 만드시고, 다윗의 감사를 통해 이스라엘이라는 나라를 세우시고, 에디슨의 감사를 통해 발명왕으로 만드셨다.

오늘날 가정의 위기로 수많은 사람들이 고통을 받는다. 한국의 이혼율은 이미 50퍼센트를 넘어 섰으며 부부갈등으로 전쟁터를 방불케 하는 가정도 많다. 그곳에 자녀들의 고통의 소리가 있다. 그러나 하나님은 그 고통보다 몇 십 배 더 큰 은혜로 보상하시고 더 좋은 것을 이루신 것이다. 감사가 하나님의 더 큰 은혜를 이루게 한다.

그러나 고통 속에서 낙심하고 절망하며 한숨 짓는 사람은 결코 고통의 법칙에서 열매를 얻을 수 없다. 불평하는 자는 고통의 늪에서 빠져 나오지 못하고 허우적거리다가

침몰하지만 감사하는 사람은 고통의 다리를 건너 더 크고 놀라운 은혜를 누리게 된다.

오프라 윈프리(Oprah Gail Winfrey)

오프라 윈프리하면 그 이름 앞에 따르는 수식어가 엄청나다. 미국 시사주간 타임이 선정한 20세기 인물로, 동시에 세계를 움직이는 인물에 4년 연속 선정되었으며, 미국의 가장 영향력 있는 인물 1위로 선정되었고 세계 1억 4천만의 애청자의 사랑을 받으며 미국 TV에 가장 높은 시청률을 기록하는 토크쇼 진행자인 그녀는 흑인이자 사생아다. 6세까지 외가에서, 13세까지 파출부 엄마에게서, 19세까지 다른 여자와 사는 아버지 밑에서 자랐고, 마약을 하고, 성폭행을 당하고 미혼모가 된 처절한 인생이었지만 그녀의 자서전에서 "오늘의 자신이 있기까지 진부한 이야기일지 모르지만 오직 한 가지 하나님을 바라보며 감사하며 살았다"는 것이다. 그녀는 지금도 하루를 마치며 다섯 가지 감사 일기를 쓴다고 한다.

1. 오늘도 거뜬히 잠자리에서 일어날 수 있음에 감사합니다.
2. 유난히 푸르고 파란 하늘을 보게 하심에 감사합니다.
3. 점심식사에 맛있는 스파게티를 먹게 해 주심에 감사합니다.
4. 못된 짓을 한 동료에게 화내지 않았던 저의 참을성에 감사합니다.
5. 좋은 책을 읽었는데, 그 책을 써 준 작가에게 감사합니다.

어떤 상황을 만날지라도 모든 것을 합력하여 더 좋은 것, 더 귀한 것을 이루어 주시는 하나님을 바라보며 감사를 드리면, 하나님은 우리의 감사를 재료로 인생의 모든 어둠을 제거하시고 더 크고, 놀랍고, 귀한 것을 만들어 주실 것이다. 모든 것을 합력하여 좋은 것을 만드시는 하나님을 바라보며 믿음으로 감사의 말을 내어놓으면 그 고통이 요셉의 축복이 되고, 아브라함의 축복을 이룰 것이다.

먼저 감사

🐟 예수님의 먼저 감사

예수님은 죽은 나사로를 살리기 전에 먼저 하나님께 감사했다. "아버지여 내 말을 들으신 것을 감사하나이다"(요 11:41)

그러고 나서 "나사로야 나오라"고 하신다.

바울도 "모든 기도와 간구로 너희 구할 것을 감사함으로 아뢰라"고 했다. 구하기 전에 먼저 감사하라고 했다.

솔로몬 왕도 구하기 전에 먼저 감사를 했다. 먼저 감사한다는 것은 참 귀하고 귀한 믿음이다. 솔로몬 왕이 먼저 감사할 때 구하지 않은 부와 영광도 주지 않았는가?

감사하는 사람에겐 더 많은 것을 해 주고 싶은 것이 하나님의 마음이다.

사람도 마찬가지이다.

감사하는 사람에게 무언가를 더 많이 해 주고 싶고, 더 도와주고 싶게 된다.

기도제목과 감사

조그마한 기도 제목을 교회에 부탁하면서도 감사하다고 고개를 숙이며, 조금만 도움이 되어도, 항상 감사하는 집사님이 계셨다.

어느 날 청소년기로 방황하던 아들의 문제로 상담을 하게 되었다. 상담 중에도 아들 문제로 이렇게 상담을 할 수 있고 기도까지 받을 수 있으니 너무 감사하다는 말을 들으니 더 많이 마음이 쏟아지는 것은 어쩔 수 없다. 상담 며칠 후에 작은 등기 하나를 받았다. 얇은 휴대용 성경책이었다. 성경책을 펼쳐보니 감사하다는 내용의 글이 알알이 있었다. 상담으로 마음이 너무 평안해졌고, 하나님께 의탁하게 되어 감사하다. 바쁜 시간을 내어 좋은 상담해 주어 감사하다… 짧은 편지 속에 감사의 말이 무려 열세 번이나 들어 있었다.

나는 그 편지를 보며 더욱 간절히 그 아들을 위해 기도하게 되었다. 이럴 때 솔로몬에게 더하여 축복을 주신 하나님의 마음이, 사마리아 문둥병자를 축복하신 예수님의 마음이 물밀듯 밀려오는 것이다. 나는 '더 기도해 드려야겠다. 내가 더 해 줄 게 없을까?'라는 생각에 무언가를 찾다가 그분을 위해 청소년 자녀교육 지도를 해 주어야겠다는 생각에 이르렀고, 이왕이면 자녀문제 있는 분들과 함께하는 기도와 상담, 자녀교육 세미나를 함께 해 주어야겠다는 생각까지 발전했다.

그리하여, 교회에 광고를 해서 자녀를 위한 기도와 상담 세미나를 열게 되었다. 그 집사님으로 인해 다른 성도들의 자녀까지 덤으로 하나님의 은혜를 누리게 되었다. 나는 그분을 볼 때마다 나도 모르게 '내가 도와줄 수 있는 게 없을까?'를 생각하게 되었다. 이는, 감사하는 사람에 대해 일어나는 자연스런 반응이다.

그분은 크고 작은 일에 항상 감사를 잊지 않는다. 특히 항상 먼저 감사를 하는 분으로 기억에 남아 있다. 지금도 마음에 남아서, 생각날 때마다 따뜻함을 주는 분이다.

하나님도 우리와 따뜻한 사랑을 나누며, 더 많은 것을 주시고 싶어서, 무엇이든 처음 익은 열매와 흠 없는 첫 새끼를 하나님께 올려 감사하라고 하신 것 같다. 무엇이든지 먼저 감사할 때, 하나님과 아름다운 사랑도 나누게 될 것이다.

아들이 군에 입대했다. 훈련소에 들어가는 아들의 뒷모습을 보는 부모의 마음은 찡하다. 그러나 우리는 걱정대신 먼저 감사했다. 아이들은 통제보다는 자유롭게 살았다. 그러나 이제 성인이 되어 세상에 나가면 온갖 통제가 따라온다. 그 통제에 잘 적응해야 세상에서 성공적으로 살아갈 수 있다. 그런 세상에 잘 적응하도록 어디서 통제 받는 훈련을 해 주겠는가? 그런데 군에서 침식뿐 아니라 모든 것을 제공해 주며 거기다가 월급까지 주며 통제 받는 교육을 시켜 주니 얼마나 감사한가?

나는 무슨 일을 할 때마다 먼저 감사하고자 한다. 설교를 할 때도 세미나를 인도할 때에도, 책을 집필할 때에도 "하나님! 하나님의 말씀을 전할 수 있게 해 주셔서 감사합니다" "하나님의 은혜를 전할 수 있게 해 주셔서 감사합니다" "책을 저술하게 해 주셔서 감사합니다." 이렇게 감사하며 설교하고, 강의하고, 시작할 때와 그렇지 않을 때의 차이는 경험해 본 사람만이 알 수 있는 감사의 비밀이다. 나의 작은 능력의 근원이 하나님께 있다. 그 능력은 감사의 파이프를 통해 내려온다.

예수님도 먼저 감사를 하셨고, 솔로몬도 구하기 전에 먼저 감사를 했다. 그리고, 바울도 구하기 전에 먼저 감사하라고 했다. 나는 이 '먼저 감사'를 배워서 나 자신뿐만 아니라 목회현장에 적용하여 성도들이 기도제목을 올리기 전에 먼저 감사내용 두 가지를 적고 그리고 한 가지를 구할 것을 적으라고 해 보았다.

즉, 2감 1구 하라고 해 보았다. 떼를 쓰던 기도가 감사의 기도로 바뀌니 기도 응답에 대한 기대와 확신이 클 뿐 아니라 때를 기다리는 듬직한 믿음으로 변하는 것이었다.

먼저 감사하라!

인생에 좋은 일이 있을 때, 먼저 하나님께 감사하라!

무슨 일을 할 때 먼저 감사하며 시작하라!
하나님께 구할 때, 먼저 감사하며 구하라!
감사함이 넘치는 사람, 감사함이 넘치는 가정, 감사함이 넘치는 교회 그곳에 하나님이 함께 계실 것이다.

항상 감사

어느 집사의 남편이 대기업 사원인데 회사에서 인재 양성프로그램으로 2년에 한 명씩 미국에 연수를 보내서 공부를 시키고 생활까지 모두 제공하는 제도가 있었다. 남편이 선발되면 초등학생인 아이들도 미국서 영어를 익힐 수 있고 회사 승진도 보장 받기에 남편이 선발되기 바라며 새벽 기도를 시작했다. 수백 명의 직원들 중에 뽑는 것이라 쉬운 일은 아니기에 열심히 기도했다. 그런데 그만 다른 사람이 선발되고 말았다. 낙심하고 있던 차에 선발된 사람 중 건강에 문제가 생겨 갈 수 없게 되는 바람에 이 집사의 남편이 대신 선발되었다. 그 집사는 기뻐서 어쩔 줄을 모르며 감사를 간증하며 또한 헌금으로 감사했다.

미국으로 떠난 몇 개월 후 미국으로 오게 되어 아이들도 영어를 배우고 주변 환경도 너무 좋다며 전화를 해왔다. 그후 잠잠하다가 5, 6개월 지났을까 어느 날 전화가 왔는데 집의 임대료를 자신들이 부담해야 하고 회사에서 주는 생활비가 적어서 자신이 일을 해야 한다며 불평하기 시작했다.

그후에 전화하는 중에 미국 어느 분에게 돈을 빌려 주었는데 그 돈을 받기 어렵게 되었다며 하나님은 왜 그런 사람을 만나게 하시는지 모르겠다면서 원망 불평하기 시작했다. 감사는 온데간데 없고 어느덧 그는 불평의 사람이 되어 있었다.

감사는 감사할 일이 있을 때에만 감사하는 것이 아니다. 기도에 응답되었을 때에만, 좋은 일이 있을 때에만 감사하는 사람은 결코 감사의 비밀 속에 들어갈 수 없다. 또한 감사의 사람이 될 수 없다.

현장 목회 20여 년 하면서 성도들의 감사를 살펴보니 대부분 성도들의 감사가 두 달 감사인 경우가 많았다. 집사한 사람이 오랫동안 준비해 오던 집을 구입했다. 감사예배를 드리고 너무 기뻐했다. 하나님의 은혜라며 감사하고 행복한 모습이었다. 그런데 어느 날부터인가 그 기쁨이 사라졌다. 예전 모습 그대로 또 걱정 근심에 묻혀 있다.

대부분 사람들이 좋은 일로 감사하는 것이 두 달을 넘기지 못한다는 것을 알게 되었다. 세상 유행어로 감사 유효기간은 두 달인 셈이다.

그런가 하면 봉투 감사도 있다. 감사는 감사 헌금 봉투로만 하고 생활은 불평으로 사는 사람도 많다. 나는 미국에 간 집사님께 아이들은 미국학교에 잘 다니고 있느냐고 물었다. "네, 요즈음 영어로 말하는 게 제법입니다." "남편은 어떠세요?" "네, 공부를 잘 하고 있어요." "그러면 얼마나 감사할 일입니까? 아이들은 영어를 잘 배우고 남편은 한국에 나오면 회사의 인재로 촉망받는 간부가 될 테고 그러니 그것을 생각하며 감사하세요."

아버지가 매일 저녁 술에 취해 집에 들어온다. 그러다 한 달에 두세번 멀쩡한 정신으로 들어왔다. 그러면 이 아버지는 술 안 마시는 사람인가? 항상 불평하다가 좋은 일 있을 때만 감사헌금으로 감사한다고 감사하는 사람인가?

그것으로만 감사하는 사람이 될 수 없다.

우리 삶에 하나님이 주신 은혜가 너무나 많다. 그런데 은혜 주실 때에만 잠깐 감사하고 다시 염려, 근심, 원망, 불평한다면 하나님의 은혜를 잊어버리는 사람이 될 것이다.

항상 감사할 수 있을 때 이것이 진정 감사가 되는 것이다. 삶 속에 감사를 찾아 항상 감사를 할 때 우리는 감사의 비밀을 알게 되고 감사의 은혜를 누리게 되며, 감사로 제사를 드리는 자가 되며 감사의 사람이 될 것이다.

순간순간 감사

시애틀 근교의 작은 교회에 간 적이 있다. 흑인 교회라 아주 활기찬 예배를 드리는데 특이한 것은 예배시간에 목사님의 인도로 성도들이 자리에서 일어나 지난 한 주간 생활 속에 감사했던 이야기를 짧게 나누는 시간이 있었다. 모두 기쁨으로 한 주간의 감사이야기를 내어놓고 또 함께 기뻐하며 박수치며 하나님께 감사하는 것이었다. 나는 그들의 감사를 보며 함께 감격에 빠졌었다. 하나님은 우리 삶속에 감사를 받고 싶어하신다. "형제들아 내가 하나님의 모든 자비하심으로 너희를 권하노니 너희 몸을 하

나님이 기뻐하시는 거룩한 산 제물로 드리라 이는 너희가 드릴 영적 예배니라"(롬 12:1)

감사의 삶이, 하나님이 기뻐하시는 거룩한 제사가 될 것이며 영적 예배가 될 것이다. 순간 순간 감사란, 생활속에서 순간 순간 감사로 영적예배를 드리는 것이다.

전국으로 집회를 인도하러 다니는 나에게는 고속철도 KTX가 만들어진 것이 너무 감사하다. 짧은 시간에 전국으로 다닐 수 있기에 나는 KTX를 탈 때마다 감사한다. 열차를 타고 가며 때마다 차창에 새롭게 펼쳐지는 풍경들을 보면서도 감사한다. "범사에 감사하라"(살전 5:18)는 말은 무슨 일을 만나든지 감사하라는 말이기도 하지만 모든 삶 속에서 감사하라는 말이기도 하다.

나는 감사의 비밀을 깨달으면서 순간 순간, 감사를 생각하고 감사를 말하게 되면서 천국이 내 안에 있음을 보고 있다. 세면장에서 세면을 하면서도 감사한다. 더운 물, 찬 물이 언제든지 나오는 것을 보면서 '예전엔 물을 우물에서 길어다 쓰고 물을 데워서 쓰고는 했지' 하며 감사하고 감사한다. 한여름 더위가 계속되는 날 에어컨 바람에 또 다른 감사가 나오게 된다. 매서운 겨울 바람을 맞으며 집으로 돌아와 현관에 들어설 때 따뜻한 공기가 온몸을 감쌀 때 감사로 심호흡을 하게 된다.

감사할 일이 있어야만 감사하는 것이 아니다.

생활 속에서 순간 순간 감사하는 것이 감사의 사람이 되는 것이며, 범사에 감사하라는 하나님의 뜻을 따라 사는 삶이다.「행복을 만드는 사람들」수련장인 발아의 집(www.happy1995.net)에는 500년 묵은 느티나무가 있다. 봄이 시작 될 때, 새파란 싹이 솟아나는 것을 보면 생명의 경이로움을 느낀다. 여름에 울창해진 푸른 녹음은 마음에 깊은 평안을 느끼게 한다. 가을을 갈색으로 물들이는 느티나무 잎사귀는 인생의 무상함을 알게 하고, 겨울 아침에 피어나는 새하얀 서리꽃은 하늘나라의 아름다움을 보는 듯하다. 나는 이런 느티나무와 함께 사는 것이 참으로 감사하다.

'발아의 집'에 봄이 오면 암탉들이 알을 까서 병아리와 함께 다닌다. 병아리가 엄마닭을 졸졸 따라 다니는 모습이 참 신비하다. 암탉과 병아리들이 모이통에 모여 모이를 먹고 물통에 모여 물 한 모금 마시고 하늘 한번 쳐다본다. 병아리도 짧은 목을 늘어뜨리며 하늘을 본다. 누가 말했던

가? '물 한 모금 마시고 하늘 보고 감사하고, 물 한 모금 마시고 하늘 보고 감사한다' 라고. 병아리의 삶에서 감사를 배운다.

인생 연구가이며 성공 컨설틴트로 저명한 데일 카네기(Dale Carnegie)는 "매일 아침에 눈을 뜨자마자 감사할 일 찾는 습관은 참 놀라운 축복의 습관이요, 행복의 습관이다"고 했다. 나는 카네기의 습관을 배워서 눈을 뜨면 먼저 감사로 하루를 시작하려 한다. 하루 생활 속에 순간 순간 감사의 꽃씨를 뿌리려고 한다.

아침에 자전거 하이킹으로 운동을 한 지 오래 되었다. 서울에 있을 때는 살고 있는 아파트 단지 뒤쪽에 삼나무가 길게 뻗어 있는 작은 길이 있었다. 아침에 고즈넉한 이 길을 달리며 향긋하고 신선한 삼나무 향을 마시며 나는 감사한다. "이렇게 좋은 삼나무 향을 마시니 감사하구나" 삼나무들이 "요즘 어디 다녀왔어요? 보이지 않아 기다렸어요" 하며 마치 모두 나를 반기며 말하는 것 같다.

번잡한 도심 아파트 속에 이렇게 한적한 곳의 나무숲 사이로 자전거로 달릴 수 있으니 얼마나 감사한지 모른다.

'발아의 집'은 남한강변에 있다. 이곳에 오면 강둑으로 자전거 하이킹을 나간다. 매일 아침마다 변화된 모습으로 나를 반기며 흘러가는 강물, 강변에 병풍처럼 펼쳐진 바위산들, 강둑으로 펼쳐진 달맞이꽃들의 향기… 각양각색 새들의 노래 향연, 하늘에 펼쳐지는 구름의 향연, 매일 남한강변에 펼쳐지는 자연의 향연 속에서 나는 아침공기를 마시며 감사를 내어 뿜는다. 감사로 시작하는 하루의 삶은 세상에 찌든 오물과 아픔과 고뇌를 녹여낸다.

하루를 마치고 잠들기 전에도 감사하는 습관이 생겼다. 하루의 삶 속에 감사를 찾는다. 요즘 감사하는 것은 아들이 군 생활에 잘 적응하고, 딸아이 또한 대학 졸업을 앞두고 자기 삶을 믿음으로 세워 감에 감사한다. 아이들에게 감사하고, 항상 쉬지 않고 영적으로 기도하는 아내와 마음을 다해 사역을 섬기는 간사들의 노고를 생각하며 하나님께 감사하다가 잠이 든다. 때론 머리맡에 있는 일기장에 감사 일기를 써 본다.

이것이 먼 훗날 나의 삶의 흔적들로 남을 것이다.

내가 이 땅에 심은 감사의 씨가 어느덧 줄기를 뻗고 꽃이 피고 열매를 맺으면서 아름다운 꽃동산을 이루고 이 꽃동산에서 나의 후대들이 또 감사의 꽃씨를 뿌릴 것이다.

감 사

새소리가 가득한
창가에서
푸르고 높은 하늘…
피어오르는 뭉게구름을 볼 수 있음에
나는 감사합니다.

삼나무가 뿜어내는 아침 공기를 들이마시며,
자전거와 함께 나는 감사를 내어 뿜습니다.

유유히 흘러가는 강물의 인생 이야기를 들으며
작은 감사를 강물에 띄웁니다.
병아리와 함께 모이를 나누는 암탉 가족의
정겨움 속에 나 또한 한가족이 되어 감사해 봅니다.

고추 약간, 두부 약간, 애호박도 약간
된장과 함께 어우러져
구수한 향기를 풍겨내는 된장찌개를 먹으며

나는 감사를 먹습니다.

함께 놀자며 꼬리 흔드는 강아지
옆자리에 앉아 도란도란 이야기 나눌
아내가 있음에 감사합니다.

가끔씩 다가와 "아빠" 하며
구구절절 이야기를 들려 주는
아이들도 있음에 감사합니다.
내가 사랑하는 사람들이 있으며
사랑해야할 사람들이 있음매,
그리고 열정을 쏟아 이루어야할 하나님의 일이 있음매
감사합니다.

아~~~ 나는 감사합니다.
삶의 모든 곳에 감사가 있습니다

　　나는 오늘도 이렇게 하늘과 땅과 모든 사람에게 감사하며, 내 눈에 눈물이 망울되어 맺힌다.

하나님으로 감사

구원과 10원

교도소에서 수감생활을 하다가 주님을 만난 어느 분의 이야기이다. 이분이 교도소에 있을 때 가끔씩 교회에서 찾아와 교도소 강당에 사람들을 모으고 설교를 하면, 교회에서 주는 다과와 답답한 시간을 면하려고 참여를 하곤 했는데 설교하는 분이 예수 믿고 구원 받으라고 하면 뒤에 앉아서 "예수 믿는 이들 참 쩨쩨하다. 9원이 뭐야? 1원 보태서 10원 주지 10원도 아까워서 1원까지 깎아서 구원을 주나? 그러니 기독교가 욕먹지…" 하면서 빈정거렸단다.

그런데 예수님을 만나고 이제 하나님의 자녀가 되고 보니 구원이 얼마나 귀하고 큰 축복인지 비로소 알게 되었다며 지난날 빈정대던 자신을 생각하면 고개를 들 수가 없다고 한다. 영혼구원보다 더 귀하고 가치 있는 것은 없다.

다이아몬드와 공기돌 놀이

영국의 상인이 상선을 타고 가다가 폭풍우로 인해 배가 좌초되어 이름 모를 아프리카의 외딴 지역에 당도하게 되었는데 그 마을 사람들이 다이아몬드를 가지고 공기놀이를 하고 있었다.

이 상인은 놀란 가슴을 쓰다듬고 살펴보니 그들은 다이아몬드의 가치를 알지 못하고 다이아몬드로 공기놀이를 하고 있는 것이었다.

구원의 가치는 세상 그 어떤 것에 비길 수 없을 만큼 절대 가치를 가진 것이다. 하나님은 이 구원을 우리에게 주셨다. 그런데 이 구원의 가치를 모르는 이는 다이아몬드로 공기놀이를 하는 어리석은 사람과 같다.

"그는 우리를 위하여 자신을 버리사 향기로운 제물과 희생 제물로 하나님께 드리셨느니라"(엡 5:2)

인생에 있어 구원보다 더 큰 축복이 어디 있는가? 하나님은 자신의 생명을 십자가에 내어놓고 그 피의 사랑으로 나를 사랑하셨다.

"하늘을 두루마리 삼고 바다를 먹물 삼아도 한없는 하나님의 사랑 다 기록할 수 없겠네 하나님의 크신 사랑 그 어찌 다 쓸까 저 하늘 높이 쌓아도 채우지 못하리"

우리가 이 땅에서 아무것도 소유하지 못했다 하더라도 구원이 있기에, 하나님의 사랑이 있기에 우리는 축복된 사람이다.

하박국 선지자는 "비록 무화과나무가 무성치 못하며 포도나무에 열매가 없으며 감람나무에 소출이 없으며 밭에 식물이 없으며 우리에 양이 없으며 외양간에 소가 없을지라도 나는 여호와를 인하여 즐거워하며 구원의 하나님을 인하여 기뻐하리로다"(합 3:16~17)라고 했다. 구원의 감격이 있으며 하나님의 사랑에 젖어 있는 사람은 하나님으로 감사한다.

잘 아는 분 중에 한 분이 얼마 전 전화를 했다. "우리 집은 미정(가명)이 때문에 복 받았다. 미정이 때문에 우리 가정이 모두 하나님을 알게 되고 하나님을 믿고 사니 얼마나 축복이냐?" 미정이는 그 어른의 딸이다. 이 딸은 태어나면서부터 뇌성마비로 태어났다. 지금 나이가 마흔이 넘었는데 지금껏 엄마의 손길 속에 살고 있는 것이다.

그런데 이분이 뇌성마비 딸을 보살피며 불평하는 말을 들어본 적이 없다. 매일 목욕시키고 대소변 처리하고 이것을 40년 했으면 신세한탄도 할 만한데 한번도 얼굴 찌푸리고 한숨 쉬며 원망 불평하는 일이 없다. 도리어 우리 딸이 복된 딸이라며 이로 인해 가족이 모두 하나님을 믿게 되었다고 감사하는 것이다. 그래서일까? 아들이 군 제대를 하고 사회에 나와 20대 젊은 나이에 사업을 시작했는데 지금은 매년 수십 억의 매출을 올리는 기업이 되었다. 아들은 사업이 바쁜 중에도 매일 한 번씩 부모님에게 전화를 걸어

안부를 전하며 어머니를 만나면 어머니의 손을 잡고 다니고 높은 곳은 업고 다닌다고 한다. 며느리 또한 딸처럼 팔짱도 끼고 애교를 부리며 효도를 하는지라 이 가정은 그야말로 행복으로 깨가 쏟아진다. 감사로 이룬 꽃동산이다. 하나님으로 감사한 사람에게 주신 축복의 동산이다. 우리 인생에 하나님이 주신 것이 구원뿐인가?

구원의 축복 외에 나에게 하나님이 주신 것이 얼마나 될까? 나는 조용히 나의 삶을 되돌아보았다.

- 부족한 자에게 하나님의 일을 맡겨 주신 것
- 빈손으로 호주에 가서 사역하게 하시고 또 '생명언어학'을 개척하게 하신 것
- 아들, 딸이 호주학교에서 무상으로 공부하며 영어도 배우게 해 주신 것
- '생명언어학교'와 '생명언어설교'의 비밀을 알게 하셔서 한국교회에 헌신하며 한국교회를 세우게 하시는 것
- 아들과 딸이 세속에 물들지 않고 성경적 가치관을 가지고 성장하게 해 주신 것

하나님이 주신 은혜가 어디 이것뿐이겠는가?

내 인생에도 찬송가 가사처럼 하나님의 사랑을 다 기록하려면 바다를 먹물 삼고 하늘을 두루마리 삼아야 할 것 같다.

하나님이 주신 은혜를 헤아리면 눈에 이슬이 맺힌다.

나는 이런 은혜를 생각하며 뜨거운 가슴으로 감사를 드리고 싶다.

"내 영혼아 여호와를 송축하며 그의 모든 은택을 잊지 말지어다"(시 103:2)

우리는 삶에 부족한 것 바라보며 불평할 것이 아니라 하나님의 은혜를 기억하고 감사하며 그 모든 은택을 잊지 말아야 할 것이다.

말의 감사

하나님의 창조 사역이 하나님의 생각 속에만 있지 않았다. "빛이 있으라!"고 말씀하실 때 비로소 창조가 시작된 것이다.

감사는 생각에 머물러서는 감사가 아니다.

감사가 실패하는 이유는 생각으로만 감사하려고 하기 때문이다.

생각은 마치 씨앗과 같다. 씨앗은 생명이 있는 것이지만 싹이 나고 줄기가 뻗고 꽃이 피고 열매를 맺기까지는 씨앗에 불과하다. 씨앗이 땅에 떨어져야 비로소 생명의 싹이 나오기 시작한다.

생각이 생명의 씨앗이라면 말은 씨앗에 싹이 나는 것이다.

말을 할 때에 그 말은 생명의 활동을 시작한다.

생각이 말이 되어 세상으로 나올 때 비로소 싹이 나고 줄기가 뻗고 꽃을 피우며 열매를 맺을 수가 있다.

우리의 감사도 말이 될 때 생명이 나타나기 시작한다.

우리는 모두 부모님께 감사를 생각한다. 그런데 감사의 말을 하지 않기에 감사의 열매가 맺히지 않는다.

문둥병을 고침 받은 10명의 문둥병자 중 한 명만 예수님께 감사했다. 아홉 명은 예수님에 대해 감사한 마음이 없었을까? 그들이 돌아가서 새 생활이 시작되었을 때 감사한 생각은 했을 것 같다.

그런데 그들은 감사한 사람이 아니었고 한 명만 감사한 사람이 되었다. 이유가 무엇인가? 한 명의 사마리아인 문둥병자는 감사의 말을 했기 때문이다.

감사는 말할 때 감사하게 되는 것이다.

부부프로그램을 운영하면서 배우자에게 감사한 것을 말해 보자고 하면 대부분의 부부는 배우자에게 감사하다고 생각한다고 한다. 그런데 감사하는 말을 해 보았느냐고 물으면 못해 보았다는 사람이 태반이다. 모든 인간의 갈등, 부부의 갈등은 불만 때문에 시작된다. 생각해 보면 감사할 것이 더 크고 많은데 감사보다는 불만이 더 많은 이유가 무엇인가? 그것은 감사의 말을 하지 않기에 그 감사는 아주 작아지고 대신 불평은 커지고 가득해져서 불만의 말이 나오기 때문이다.

나는 갈등이 있는 사람에게 감사요법을 처방해 본다. 부부든 부모와 자녀 간이든 감사하게 하면 예외 없이 좋은 관계가 되어지는 것을 수없이 목격하고 있다. 감사의 위력은 바위를 녹인다. 감사의 말을 해 보라!

마치 빛이 들어오면 어둠이 사라지듯이 삶이 감사로 춤추기 시작할 것이다.

감사는 말할 때 시작된다.
감사는 말할 때 나타난다.
감사는 말할 때 전해진다.
감사는 말할 때 느껴진다.
감사는 말할 때 이루어진다.

감사를 말하지 않으면 감사는 시작되지 않으며, 나타나지 않으며, 전해지지 않으며, 느껴지지 않으며, 감사는 이루어지지 않는다.

감사의 말의 위력

감사를 말하는 것은 마치 컴퓨터의 검색에 글을 입력하면 그 입력된 글에 따라 컴퓨터가 모든 정보를 찾아 주듯이 우리 안의 뇌 세포가 감사할 내용을 찾고 감사할 이유를 찾고 감사를 느끼게 하고 감사의 기쁜 마음과 생각으로 가득 채운다.

호주 Happy Family Center에서 사역하면서 가정에 관한 프로그램을 진행하고 있을 때 있었던 일이다. 한 번은 세미나를 하는 첫날, 예상보다 인원이 초과하여 강의안이 모자라게 되었다. 다른 스텝들은 각자 자기가 맡은 일을 준비하느라 모두 바빠서 모자라는 강의안을 준비할 시간이 없었다. 마침 토요일이라서 초등학교에 다니는 아들 녀석이 왔기에 가까운 도서관에 가서 강의안을 좀더 복사해오도록 심부름을 시켰다. 그런데 아이가 복사를 하러 간 사이에 참석자들이 더 불어나서 강의안이 더 필요하게 되었다. 그래서 돌아온 아들에게 다시 심부름을 시켜야 했다.

"민아! 미안하지만 한 번 더 갔다와야 되겠구나. 조금 더 복사해야 하거든…."

그러자 아들의 얼굴이 싫은 표정으로 변했다.

"또 갔다와요?"

아들은 몸을 흔들며 싫다는 몸짓을 했다. 가기 싫다고 말하는 아들을 달래서 다시 복사를 시키러 보냈다. 그런데 한참만에 돌아온 아들은 웬일인지 싱글벙글하고 있었다. 그런 모습에 의아해서 묻는 내게 아들은 뜻밖의 대답을 해주었다.

"복사하러 가는데 눈물이 막 나오려고 했어요. 그런데 지난 주일에 아빠가 설교하신 내용이 생각나는 게 아니겠어요?"

아들녀석이 말하는 지난 주 나의 설교는 이런 것이었다.

'감사할 일이 생겼을 때 감사는 누구든지 할 수 있지만 감사할 수 없을 때 감사하는 것은 참으로 귀한 감사이다. 그리고 감사할 수 없을 때라도 입으로 감사를 말하면 감사

의 마음으로 변하게 된다.'

아들은 심부름하는 것이 힘들어 눈물이 나오려고 하는 때 그 말씀이 생각나서 "하나님 감사합니다! 하나님 감사합니다!"를 자꾸 되뇌었다고 한다. 그러니까 복사하는 것도 하나님의 일이라는 깨달음이 생기고, 마음속에서 점점 기쁨이 차 올라와 정말로 감사할 수 있게 되었다는 것이다.

성경은 "네 입의 말로 네가 얽혔으며 네 입의 말로 인하여 잡히게 되었느니라"(잠 6:2)라고 했다. 감사하면 생각과 마음과 삶이 감사로 얽히고 잡히게 된다.

일본의 에모토마사루는 물이 우리의 말에 따라 모양이 변하는 것을 사진으로 찍어 공개하여 우리를 놀라게 하였다.

물이 가장 아름다운 모습으로 변한 것이 '사랑해요'와 '감사해요'란 말을 들려 주었을 때라고 했다. 영어, 중국어, 프랑스어, 독일어, 한국어 등 세계 어느 나라말로 이 말을 들려주어도 이 말을 들으면 물은 아름다운 육각형의 모습으로 변화했고 이를 사진으로 찍어 공개하였다. "짜증나네", "죽여 버릴 거야" 말을 들려 주었을 때 아주 일그러진 모습으로 변하였다. 단순한 한 마디 말이 어떤 변화를 만들었는가를 보여준 좋은 실험이었다.

단순히 '감사하다'는 말을 할 때도 우리 안에서도 놀라운 일들이 일어난다. 어떤 상황으로 인해 불쾌해질 때 단순히 감사하다는 말을 계속 말해 본다. 그러면 감사의 말이 계속되는 것에 비례해서 신기하게도 복잡하던 마음이 평안해진다.

동시에 감사할 것들이 생각난다. 마치 물이 감사하다는 말을 듣고 아름다운 모습으로 변하듯 우리의 영혼도 감사의 말을 들으면 가장 아름다운 모습으로 변하는 것이다.

그래서 복잡하고 화가 날 때 단순히 "감사합니다!"란 말만 해도 내 마음에 평안을 회복하고 감사로 충만해진다.

얼마 전 아들이 첫 외박을 나왔다. 훈련이 끝나고 배치를 받아 군 생활을 시작한 지 얼마 안 되어서 그런지 집에 와서 밤에 잠을 자지 못하고 뒤척이는 아들의 모습을 보며 엄마의 마음이 무척 아팠는가 보다. 그래서 아내가 그 마음을 극복하려고 "감사합니다. 감사합니다"를 계속했더니 마음이 감사로 온통 가득 번지며 아들도 온통 감사로 보이더란다. 다음날 세면을 하면서 "이렇게 계속 감사를 말하는게 성경적입니까?" 하고 하나님께 묻게 되었는데, 이때 "일흔 번에 일곱 번씩이라도 감사하라"는 하나님의 음성이 들렸단다. 하나님은 일흔 번에 일곱 번씩이라도 감사하길 원한다는 것을 알게 되었다 한다.

무척 화가 날 때에 일단 "주여! 감사합니다"를 일곱 번씩 해 보라는 나의 권고에 어떤 분이 이 말을 듣고 바로 실험을 해 볼 일이 생겼단다. 집에 갔더니 아내가 잔소리하며 역성을 내기에 속으로 무조건 "주여! 감사합니다" 말하기 시작했다. 그랬더니 정말 신기하게도 화가 가라앉고 마음이 평안해지며 아내에게 감사할 것이 생각나며, 웃으면서 아내의 투정을 받게 되어 두 사람 사이가 좋아졌다고 한다. 그렇다. 우리 마음이 감사의 말을 들으면 특별한 현상이 일어난다.

첫째, 화가 누그러진다는 것이다.

둘째, 자동적으로 감사할 것이 찾아진다는 것이다.

감당하기 어려운 일이 다가올 때 "주여! 감사합니다"를 계속 말해 보라. 그러면 분명 이런 은혜가 임할 것이다.

원망, 불평은 내어놓으면 원망 불평할 것들이 생각나고 더욱 원망과 불평에 사로잡힌다.

당신은 어디에 잡히기 원하는가?

원망과 불평으로 저주의 인생, 실패의 인생, 불신앙의

인생이 되길 원하는가?

아니면 '감사! 감사!'로 '축복된 인생! 아름다운 인생! 은혜로운 인생!'이 되길 원하는가?

감사를 생각 속에 묻어두면 죽은 감사가 되고 만다. 감사를 말하라! 그러면 감사의 열매가 맺기 시작할 것이다.

말의 권세

1985년 봄, 성경 말씀을 읽다가 내 신앙과 인생에 축복이 된 놀라운 사건이 시작되었다.

그것은 예수님이 무화과나무를 뿌리 채 마르게 한 사건의 말씀 때문이었다. 예수님이 제자들을 데리고 예루살렘으로 가시다가 한 무화과나무를 보시고 "다시는 네가 열매를 맺지 못할 것이다"(마 21:19)라고 말씀하셨다. 그리고 예루살렘으로 올라가셨다. 그 다음날 다시 제자들을 데리고 어제 무화과나무가 있었던 곳으로 가셨다. 그런데 이게 웬 일인가? 어제 그 무화과나무가 뿌리까지 바싹 말라 있는 것이다. 베드로가 깜짝 놀라 예수님께 말했다. 베드로

가 여쭈오되 "저주하신 무화과나무가 말랐나이다"(막 11:21)

베드로가 여쭈었습니다. 예수님의 말 한 마디에 어떻게 이런 일이 일어날 수 있습니까? 라는 말이었다.

이에 예수님의 대답이 놀랍다.

"예수께서 그들에게 대답하여 이르시되 하나님을 믿으라 내가 진실로 너희에게 이르노니 <u>누구든지</u> 이 산더러 들리어 바다에 던져지라 하며 <u>그 말하는 것이 이루어질 줄 믿고</u> 마음에 의심하지 아니하면 <u>그대로 되리라</u>"(막 11:22~23)

이 말씀은 무슨 말씀인가?

"이제 다시는 열매를 맺지 못하리라는 내 말 한 마디에 오늘 이렇게 뿌리 채 마른 무화과나무를 보고 있지? 그런데 이런 말의 권세가 나에게만 있는 것이 아니고 하나님을 믿는 사람이라면 <u>누구든지 말의 권세가 주어져 있다</u>. 하나님을 믿는 사람의 말의 권세는 무화과나무뿐만 아니라 산을 보고 바다로 들어가라 하고 그 '말'의 권세를 믿으면 산이 바다로 들어갈 것을 믿으면, 산도 바다로 들어갈 것이다"는 말씀이었다.

지금이야 산을 바다로 옮기는 일은 포크레인과 덤프 트럭으로 가능한 일이지만 예수님 시대에 산이 바다로 옮겨진다는 것은 상상도 못하던 시대였다.

오늘날 같으면 사람이 걸어서 달나라에라도 갈 수 있다는 말과 같은 말이다. 하나님을 믿는 사람들이라면 누구든지 산을 보고 바다로 들어가라고 말하면 산도 바다로 들어가는 말의 권세를 가지고 있다는 예수님의 말씀은 천지가 새롭게 창조되는 것만큼 충격적인 말씀이었다.

얼마나 놀라운 말씀인가? 이 말씀이 열리던 날 나는 신령한 충격에 빠졌다. 하나님을 믿는 사람의 '말'이 산을 바다로 옮길 권세가 있다. 이 '말'의 권세를 믿으라! 이때부터 나는 성경 속의 '말'에 관심을 가지고 연구하기 시작하였다.

"너희 말이 내 귀에 들린 대로"

무화과나무 사건 이후 하나의 충격적인 성경구절이 내게

다가 왔다. 민수기 14장 28절 말씀이다. "여호와의 말씀에 나의 삶을 가리켜 맹세하노라 너희 말이 내 귀에 들린 대로 내가 너희에게 행하리니." 이 말씀을 발견하고 두 번째 '말'의 충격에 휩싸이게 되었다. 하나님이 당신의 모든 것을 걸고 맹세까지 하시면서 하신 말씀이 무엇인가? "너희 말이 내 귀에 들린 대로 내가 너희에게 행하리라"는 말씀이다. 우리의 '말'대로 행하시겠다는 하나님의 맹세는 내 믿음과 삶의 뿌리를 송두리째 바꾸는 사건이 되었다. 그로부터 20여 년 동안 이 말씀들은 하나님의 특별한 은혜가 되어 나의 신앙과 삶의 동력이 되었고 또한 이 은혜로 한국교회와 목회자와 천만 성도를 섬기기에 이르렀다.

하나님은 우리말에 권세를 주시고 우리가 말한 말 그대로 이루신다고 맹세하며 약속하셨다.

"나의 삶을 가리켜 맹세하노라"

"너희 말이 내 귀에 들린 대로 내가 너희에게 행하리라"

원망, 불평의 말을 하면 그 말대로 인생에 원망, 불평할 삶이 다가오게 될 것이다. 그러나 감사! 감사! 감사!를 말하면 감사할 삶이 다가오게 될 것이다. 이것은 봄, 여름, 가을, 겨울 사계절이 때를 따라 변하는 자연의 법칙과 같이 우리 인생에 있어 축복의 법칙이요, 은혜의 법칙이요, 하나님의 모든 것을 걸고 맹세하며 세운 하나님의 법칙이다.

감사의 대상

감사를 누구에게 해야 할까? 당연히 하나님께 해야 한다. 그래서 우리는 하나님께 찬양하며 감사하고 있다. 때문에 생일이 되면 생일 감사를 하나님께 드린다. 지극히 당연한 일이다. 우리의 생명은 하나님께로부터 온 것이기 때문이다. 그러나 한 가지 더 생각할 게 있다. 생명을 하나님이 주셨지만 낳아 주고 핏덩이를 안고 키워 준 부모님도 있다. 그래서 하나님은 십계명에 "네 부모를 공경하라"고 하셨다. 그런데 이렇게 나를 낳아 길러 준 부모님에겐 감사의 말 한마디도 못한 경우가 많다. 오히려 불평,불만만 말하지 않았는가? 이런 것을 하나님께서는 어떻게 생각하실까?

이스라엘 백성이 광야에서 모세와 아론에 대해 원망을 쏟아 낸다.

"이스라엘 온 회중이 그 광야에서 모세와 아론을 원망하여 그들에게 이르되 우리가 애굽 땅에서 고기 가마 곁에 앉았던 때와 떡을 배불리 먹던 때에 여호와의 손에 죽었더면 좋았을 것을 너희가 이 광야로 우리를 인도해 내어 이 온 회중으로 주려 죽게 하는도다"(출 16:2~3)

이스라엘 백성이 모세와 아론에게 원망하고 불평하며 분노한다.

이에 대해 성경은 "이는 여호와께서 자기를 향하여 너희의 원망하는 그 말을 들으셨음이니라 우리가 누구냐 너희의 원망은 우리를 향하여 함이 아니요 여호와를 향하여 함이로다"(출 16:8)라고 했다.

모세와 아론에 대한 원망이 모세와 아론에 대한 것이 아니요, 하나님께 대한 원망이란 것이다. 사람들에 대한 원망, 불평이 곧 하나님께 원망, 불평하는 것이요, 사람들에 대해 감사하는 것은 하나님께 감사하는 것이다. 여리고 성을 정탐하고 돌아온 열명의 정탐꾼의 점령할 수 없다는 말을 듣고 "온 백성이 소리를 높여 부르짖으며 밤새도록 백성이 곡하였더라… 온 회중이 그들에게 이르되 우리가 애굽 땅에서 죽었거나 이 광야에서 죽었으면 좋았을 것을"(민 14:1~2) 하고 원망한다. 그들은 가나안 땅의 환경을 보고 원망하며 모세와 아론을 향하여 원망하였다. 이에 대해 하나님은 무엇이라 말씀하시는가?

"여호와께서 모세에게 이르시되 이 백성이 어느 때까지 나를 멸시하겠느냐 내가 그들 중에 많은 이적을 행한 것도 생각하지 아니하고 어느 때까지 나를 믿지 않겠느냐"(민 14:11)

첫째는 모세와 아론에 대한 원망이 하나님에 대한 원망이요.

둘째는 환경에 대한 원망이 곧 하나님에 대한 원망이며,

셋째는 이 원망은 하나님을 멸시하는 것이요, 하나님을 믿지 않은 것이라는 말씀이다.

하나님은 하나님을 향해서만 원망, 불평하는 것이 원망, 불평하는 것이 아니라 모든 원망, 불평이 하나님을 향해

하는 것이요, 모든 원망과 불평은 하나님을 믿지 않는 것이요, 하나님을 멸시하는 것이라는 말씀이다. 이와 같이 모든 감사 또한 하나님께 감사하는 것이다. 그래서 바울은 범사에 감사하라고 했다. 범사란 모든 환경과 모든 사람에게 감사하라는 뜻이기도 하다. 이에 바울은 선교활동을 헌신적으로 도운 브리스길라와 아굴라에게 "나 뿐 아니라 이방인의 모든 교회도 저희에게 감사하느니라"(롬 16:3)고 하였으며, 뵈뵈와 오네시보로에게도 감사하는 것을 볼 수 있다(롬 16:1, 딤후 1:16).

여호수아는 가나안을 정탐할 때 그들을 숨겨 주었던 라합에게 감사하여 가나안 점령시 라합의 모든 가족을 구해 주는 것(수 6:23~25)을 볼 수 있다. 다윗이 친구 요나단의 은혜에 감사해서 그의 아들 므비보셋에게 다윗 왕과 함께 왕궁에 거하고 나하손과 바실레의 아들들에게도 그의 부친의 은혜에 감사해서 왕궁에 거하게 하며 감사를 한다. 모든 감사를 하나님께 드리는 것은 당연하다. 그러나 하나님께 감사하는 것만이 감사가 아니라 모든 삶, 모든 환경, 모든 사람에게 감사하는 것이 곧 하나님께 감사하는 것이다. 또한 모든 원망, 불평 이는 곧 하나님께 원망, 불평하는 것이다.

당신은 하나님께 감사하는 사람이 되기를 원하는가?

아니면 하나님을 원망하며, 멸시하며, 하나님을 믿지 않는 불신앙의 사람이 되길 원하는가? 모든 것에 감사하는 사람이 하나님께 감사하는 사람이다.

제3부

감사 인생

감사와 하나님의 영광

감사로 제사를 드리는 자가 나를 영화롭게 하나니 그 행위를 옳게 하는 자에게 내가 하나님의 구원을 보이리라"(시 50:23)

무엇으로 하나님을 영화롭게 해 드릴 수 있는가?

감사로 제사를 드리는 자가 하나님을 영화롭게 하는 자라고 했다. 웨스터 민스터 소요리 문답에 '인생의 제일 되는 목적이 하나님을 영화롭게 하며 영원토록 그를 즐거워하는 것'이라고 되어 있다.

세례를 받을 때 이것을 암송한다. 그러나 하나님을 영화롭게 하는 것이 무엇이냐고 물어보면 망설인다. 성경은 그 질문에 대해 명쾌한 답을 주셨다. "감사로 제사를 드리는 자가 나를 영화롭게 하나니."

바로 감사하며 사는 것이 하나님을 영화롭게 하는 것이다.

미국의 축복

몇 해 전에 집회 인도 차 미국에 갔었다. 시카고에서 어떤 분의 안내로 '무디 박물관'을 둘러보고 미시간 호수가 보이는 시어스 타워 93층 식당에서 식사를 하면서 깜짝 놀랄 만한 이야기를 나누게 되었다. 함께 식사를 하는 분이 한국 사람은 과시욕이 많다고 꼬집는다. 나는 그 말에 동의하지만 "과시욕은 어느 나라이든 조금씩은 있지 않느냐? 미국도 비싼 호텔에 투숙하고도 팁을 놓고 나와야 하고 간단한 식사를 하는 식당에서도 팁을 내야 하지 않느냐? 이게 다 과시욕에서 비롯된 게 아닐까?" 하고 말했다.

미국에는 팁 문화가 발달되어서 호텔에 투숙하고 나올 때 테이블 위에 팁을 두고 나와야 하고, 5불짜리 식사를 하면서도 팁을 놓고 나와야 한다.

나는 미국에서 이런 점이 불만스러웠다.

호텔비도 적은 돈이 아닌데 거기에다 팁까지 내야 하나? 이런 미국사람들이 한국 사람 못지 않게 과시욕이 있기 때문이라고 이야기 한 것이다.

그런데 식사를 대접하는 분이 손사래를 치며 말했다. "그게 아닙니다. 호텔에 팁을 놓고 나오는 것은 지저분한 내 잠자리를 치워 주시는 분에게 감사해서, 식탁에 팁을 놓는 것은 내가 먹은 음식 찌꺼기를 치워 주는 분에게 감사해서 감사의 표시로 팁을 놓고 나오는 것입니다"라고.

나는 망치로 머리를 맞는 것 같았다. 과시 때문이 아니라 감사의 표시로 시작되었다는 말에 지레짐작하고 판단했던 나 자신이 부끄러움과 동시에 '하나님의 축복을 받은 나라는 역시 다르구나, 감사할 줄 아는 사람들이 미국을 축복의 나라로 만들었구나' 라고 감탄하게 되었다.

미국은 오늘날 세계 기독교인들이 지키는 추수 감사절을 만든 감사의 나라다. 미국은 감사로 하나님을 영화롭게 해 드리는 나라였다.

🌸 요셉의 감사와 은혜

요셉이 노예로 살면서 누명을 쓰고 기약 없는 감옥에 들어갔어도 결코 원망하거나 불평한 것을 볼 수가 없다.

그는 어디에서든지 성실을 다하고 하나님께 감사한 사람이었다. 드디어 하나님께서 그를 높여 애굽의 국무총리로 오늘날의 요셉이 되게 하였다. 요셉은 어떤 상황 속에서도 원망, 불평하지 않고 감사로 하나님을 영화롭게 한 사람이다.

사마리아 문둥병자가 돌아와 예수님께 감사를 드릴 때, 예수님께서 "이 이방인 외에는 하나님께 영광을 돌리러 돌아온 자가 없느냐"(눅 17:18)고 말씀하셨다.

그의 감사는 단순한 감사로만 끝난 것이 아니라 하나님께 영광을 돌린 것이었다.

🌸 하나님께서 좋아하시는 과일

재미있는 말을 하나 만들어 보았다. "하나님께서 좋아하는 과일은 두 가지이다."

사과와 감을 좋아하신다. 사과? '잘못했다' 는 말이다. 하나님께 잘못되었다고 고백하는 것을 좋아하신다는 것이다.

감을 좋아하시는 이유는? '감' 을 '사' 오는 것을 좋아한다는 것을 줄이면 '감사' 란 말이다.

재미있게 하려고 만들어 본 이야기이지만 분명한 것은 감사가 하나님을 영화롭게 하는 것이요, 하나님이 감동하는 신앙이다.

당신은 어디에 있기를 원하는가?

하나님을 영화롭게 하는 사람으로 살기를 원하는가? 그렇다면 이제부터 당신의 입술에 감사가 흘러 나오면 된다.

감사는 우리의 모든 신앙을 신앙되게 한다. 감사하는 믿음이 참된 믿음이다.

감사하며 봉사할 때 그 봉사가 참된 봉사가 될 것이오. 감사하며 교사로, 구역장으로, 성가대원으로 헌신할 때 그 헌신이 참된 헌신이 될 것이며, 우리의 모든 신앙을 완성시키는 것이다. 감사하는 자는 하나님을 영화롭게 하는 사람이다.

감사와 평안, 기쁨, 자유

하나님께서는 우리에게 평안을 주신다. "평안을 너희에게 끼치노니 곧 나의 평안을 너희에게 주노라 내가 너희에게 주는 것은 세상이 주는 것 같지 아니 하니라"(요 14:27)고 했다.

하나님은 우리에게 기쁨을 주신다. "내 기쁨이 너희 안에 있어 너희 기쁨을 충만하게 하려 함이니라"(요 15:11).

하나님은 우리에게 자유를 주신다. "진리를 알찌니 진리가 너희를 자유케 하리라"(요 8:32).

우리 크리스천은 이 세 가지를 소유해야 한다. 세상에서 얻을 수 없는 평안! 기쁨! 자유! 이것은 하나님께서 우리에게 주시는 축복이며 우리는 이 복을 누리고 나누어야 한다. 평안과 기쁨의 상실, 얽매여 사는 자유 없는 삶은 크리스천의 삶이 아니요, 불행한 사람의 삶이다.

불행은 평안과 기쁨의 상실이다. 평안과 기쁨, 자유가 없으면 그 어떤 것을 가지고 있어도 결코 행복할 수 없다. 평안과 기쁨과 자유의 삶이 어디서 오는가? 감사로부터 찾아온다.

심장 소리

외국에서 생활하다가 가끔 한국에 들어와 공항에 도착하면 그 순간 심장 소리가 달라진다. 미국이나 호주에 있을 때는 심장이 '쿠웅~~탕 쿠웅~~탕' 하며 천천히 뛰는데 한국에 도착하는 순간 바뀐다. '쿵~탕! 쿵~탕! 쿵~탕!' 속도가 빨라지고 불안해진다.

왜 그럴까? 호주와 미국의 사회 흐름은 대체로 평화롭다. 거기에 사는 사람들이 외형적 성취나 목표를 향해 질주하는 삶을 살기보다 매일 매일 감사의 삶을 사는 반면, 우리나라는 온통 외형적 성취를 삶의 가치로 여기는 치열한 경쟁 사회이기 때문에 모두가 목표를 향해 전력으로 달려간다. 때문에 심장도 빠르게 움직인다.

KBS TV 방송 프로그램에서 한국 남성들의 심장 맥박을 소개한 바에 의하면 60~80 정도가 정상인데 직장에 있을 때는 보통 100~110으로 뛰다가 겨우 가정에 돌아와야 정상수치인 80으로 내려온다고 한다. 하루종일 100~110으로 생활한다니 가히 과부하 상태다. 얼마나 우리 사회가 불안하고 긴장하며 살게 만드는가를 보여준다. 이런 곳에 평안과 기쁨이 찾아올 수 없다. 짜증과 불만과 인내만 존재할 뿐이다. 사람들은 또 술로 스트레스를 풀고 그래서 술 소비국으로도 세계 1위에 속해 있다.

서구 사람들이 한국 사람에 대해 무엇을 느낀다고 하는가? 공통적으로 하는 말이 "죽기로 작정하고 일하는 사람들로 보인다"고 한다. 거기에 비해 서구 사람들은 어떤가? 대체적으로 그들의 얼굴에 미소가 있고 평안이 깃들어 있다고 할 수 있다. 인생의 목표는 필요하다. 하지만 목표에만 묶여 있으면 삶에 대한 감사가 없다. 감사는 오늘에 초

점이 맞춰져 있다. 그러므로 내일의 목표에만 집착하면 평안이 없다, 기쁨이 없다, 자유가 없다. 얽매인 삶이 된다. 항상 욕구불만, 좌절감, 성취를 향한 끊임없는 공격 본능이 발동할 뿐이다.

인기인들의 삶

연기자협회에 등록된 연예인은 총 1,600여 명. 이중 '활동한다'는 연예인은 400명, 그 중에 방송이나 TV에서 활동하는 연예인은 불과 50여 명에 불과하다.

연예인 노조에 따르면 연예인 중 불안감(48.9%), 불면증(33.6%), 위장병(28.1%)에 대인 기피증(19.9%), 조울증(17.6%)까지 나타나고 있고, 알코올 중독(17%), 약물 복용(4.6%)으로도 시달리고 있다고 한다.

그들은 모두가 최고를 향해 뛰고 뛴다. 하지만 대부분 좌절과 실패자로 살아간다.

우리나라 성인 실업팀의 축구선수 약 3,000명, 그중에서 월드컵 대표선수로 23명이 선발된다. 나머지 실업 축구

선수들은 어떤 마음일까? 대부분 태극 마크를 달지 못한 좌절감, 실패감에 시달린다고 한다.

세상은 화려한 성취를 해야 성공이라 한다. 그렇지 못하면 실패자라 한다. 그러나 보이는 성공만 향해 살면 항상 열등감, 실패감 속에 살아갈 수밖에 없다. 보이는 성공은 극소수에게만 주어지는 성공이다. 이루어 가는 과정 하나하나 속에 성공이 있고 행복이 있다. 오늘의 삶에서 성공을 찾고 행복을 찾아야 한다.

크리스천의 삶도 예외는 아니다. 우리 크리스천도 목표 지향적 삶에 집착하면 하나님이 주시는 평안과 기쁨과 자유를 잃어버린다.

우리가 불안과 초조 긴장과 불만에서 평안과 기쁨과 자유를 누리려고 한다면 가장 필요한 것은 '목표 지향적 삶'에서 '감사 지향적 삶'으로 전환해야 한다.

감사를 하면 당장 심장 소리가 달라진다. 그것은 하나님이 주시는 평안과 기쁨과 자유가 찾아오기 때문이다.

호주의 한 신문에 이런 기사가 나왔다. 호주 여성들은 하루에 평균 7회 감사하다고 하는 반면 남성은 평균 3회 감사하다고 말한다는 통계다. 우리나라 사람들은 어떤가?

너무 궁금해서 우리 단체에서 결혼한 남녀 각각 50명에게 전화설문 조사를 해봤다. 그랬더니 남성의 42명이 "기억이 잘 안 난다"고 응답했고, 8명은 "가끔 감사하다"라는 말을 한다고 응답했다.

소수의 사람을 제외하곤 하루에 몇 번은 고사하고 1년에 한두 번도 감사의 말을 하지 않고 사는 사람이 대부분이다. 여성은 그래도 좀 나은가? 엇비슷했다. "가끔 감사하다는 말을 한 적이 있다"가 15명이며, 나머지는 "기억이 없다"였다.

우리는 의례적인 인사말로도 감사하다는 말을 잘하지 못할 뿐 아니라 주위 가까운 사람들에게 하는 감사의 말을 하는 것은 더더욱 적었다.

"아내에게 감사하다고 말해 본적이 있는가?"라는 질문에 "없다"가 44명이나 되었고, "남편에게 감사한 적 있느냐"란 질문에 역시 "없다"가 42명이나 되었다.

우리의 삶에 감사의 말은 하는것이 적은 것이다. 서구 사람들은 대체로 삶에 감사가 풍부하다. 땡큐(Thank you)는 어디서나 일상적으로 듣는 말이다. 또한 가까운 사람들 사이에 감사의 말을 많이 한다. 서구 사람들의 감사의 삶이 보다 나은 평안과 기쁨, 자유를 누리게 만드는 것이다.

감사는 욕구 불만을 내쫓는다

감사를 말하다 보면 욕구 불만이 사라진다. 욕구 불만은 내가 원하는 것 만큼 이루어지지 않을 때 일어나는 현상이다.

욕구 불만이 많은 사람들은 대체로 성취욕이 강하고 목표 지향적 삶을 살아가는 사람들이다. 그럴 경우 자신에 대해서도 불만이요, 하는 모든 일에 만족 못한다. 그런데 감사를 하기 시작하면서 욕구 불만 대신 하나님이 주시는 평안과 기쁨이 찾아온다. 자유가 찾아온다. 비로소 하나님의 은혜 속에 살게 될 것이다. 그리고 감사 속에 살기 시작하면서 목표 지향적 삶을 살 때보다 더 크고 놀라운 성취도 나타나게 될 것이다. 자신의 힘으로 하려고 할 때는 한계에 부닥치고 욕구 불만만 쌓이지만 감사를 하면 하나님이 일하시기 때문에 한계를 뛰어넘는 좋은 일이 이루어진다. 그것이 감사로 인해 돌아오는 하나님의 축복이다.

감사는 스트레스를 사라지게 한다

 우리 삶에 이루어야 할 것은 많고 감당해야 할 삶의 무게는 무겁다. 몸도 마음도 치열한 경쟁 속에 지칠 때가 많다. 이와 함께 늘어나는 스트레스는 삶을 피곤하게 한다. 이 스트레스가 평안과 기쁨과 자유를 상실하게 한다.

 '유카리스티아'(ευχαριστια)에 참여하는 사람들에게 가장 먼저 일어나는 현상이 대부분 삶에 스트레스가 줄었다고 고백한다. 태양이 떠오르면 어둠이 사라지는 것이다. 칠드리(Childre)와 마틴(Howard Martin) 박사는 "감사는 아침 식사를 먹듯이 스트레스를 먹어치우는 강력한 능력이다"고 했다. 스트레스를 받으면 모든 신경계와 뇌파가 비정상이 된다. 이런 현상은 자연히 짜증, 분노, 혼란, 예민을 만들어 낸다. 그런데 감사를 하게 되면 이런 현상들이 사라진다.

감사는 염려, 근심을 사라지게 한다

 우리의 직장, 학교, 삶의 곳곳에 염려, 근심의 구렁텅이가 있다. 그러나 감사하는 사람은 무엇이든 감사로 보는 눈을 갖기 때문에 염려, 근심에 쉽게 빠져들지 않는다. 염려와 근심은 미래의 일이다. 아직 일어나지 않는 일에 대해 일어날 것으로 생각하기 때문에 생긴다.

 감사는 현재에 집중하며 또한 미래에 대해서도 낙관적으로 보게 하기 때문에 염려 근심에서 묶이지 않게 한다.

 나는 수 년 전에 건강 검진을 받고 심장병이 있음을 알게 되었다. 의사는 "치료가 불가능하고, 뇌경색의 위험이 있다"고 했다. 그러니 이를 예방하기 위해 평생 동안 시간 맞추어 약을 복용해야 한다는 것이다. 완치되냐고 물었으나 고개를 가로저으며 불가능하다고 말했다. 다만 뇌경색으로 인해 일어날 일들을 예방하기 위해 평생 약을 복용해야 한다는 것이다.

 나는 의사에게 이차적 문제 발생 가능성의 이야기를 듣고 염려되기 시작했다.

 나는 염려에 빠져드는 나 자신을 보고 감사로 전환시켰다.

1. 지금껏 수 년 동안 위험에 노출되었어도 건강하게 지낸 것에 감사했다.
2. 이차적 문제를 약으로 관리할 수 있다니 감사하다.
3. 의료보험 혜택으로 약을 복용하는데 어려움 없으니 감사하다.
4. "심장이 정상이 되어라!"고 말 할 수 있는 권세를 주시고 그 말대로 이루어주실 하나님께 감사하다.

이렇게 감사하니 순간 염려가 사라지고 평안이 마음에 가득해졌다. 그로부터 1년이 지나자 하나님은 심장치료에 새로운 의료술을 가진 의사를 극적으로 만나게 하셔서 지금 내 심장은 거의 정상으로 회복되었다.

감사는 불안과 초조, 스트레스, 욕구 불만으로부터 벗어나게 하고 염려와 근심을 떨쳐 버린다.

감사는 하나님이 우리에게 주시는 세가지 축복, 평안과 기쁨, 자유를 가져다준다.

산 너머 저쪽

　　　　칼 붓세

사람들은 말하네
산 너머 저쪽에
행복이 있다고…

나는 그 말만 믿고
찾아 헤매다가
눈물만 머금고 돌아왔네

사람들은 말하네
산 너머 저쪽, 하늘 저 멀리
행복이 있다고 말하지만…

　행복은 산 너머 저쪽 저 멀리 있는 것이 아니다. 내 마음에 있다. 내 마음에 평안과 기쁨과 자유가 있으면 행복해진다. 감사할 때 우리의 마음에 평안, 기쁨, 자유가 찾아온다.

감사와 꽃동산

감사는 꽃씨와도 같다. 우리의 입에서 감사를 한 번씩 내어놓을 때마다 인생의 동산에 꽃씨를 뿌리는 것이다.

그 꽃씨가 한 송이 한 송이 꽃을 피워서 당신의 인생은 아름다운 꽃동산이 될 것이다.

아름다운 꽃동산엔 향기가 가득해진다. 각종 나비가 찾아와 너울거리며, 따스한 햇살 속에 아지랑이가 피어오르고 벌이 찾아와 꿀을 딸 것이다. 당신의 인생은 아름다운 꽃동산이 될 것이다. 은혜의 동산, 하나님이 축복하시는 축복의 동산이 될 것이다.

불평, 불만은 쓰레기와도 같다.

불평, 불만을 내어놓을 때마다 인생의 동산에 쓰레기를 버리는 것이다.

쓰레기가 하나 둘 쌓이면 썩은 냄새가 진동하기 시작하고 파리 떼가 찾아오고 구더기도 생길 것이다. 바퀴벌레도 득실대고 쥐들의 놀이터가 될 것이다. 당신의 인생이 쓰레기장처럼 될 것이다.

당신의 인생은 어떤 인생이 되기를 원하는가?

유대인은 자녀들에게 어떤 상황에서도 감사할 것을 가르치면서 "원망, 불평하는 사람과는 절대 친구를 삼지 말고 감사하는 사람을 친구로 삼아라"고 했다. 세계적 인재를 길러내는 유대인들은 자녀들의 인생에 무엇이 중요한지 알고 있다.

성자 슈바이처(Albert Schweitzer)는 아버지 루트비히 슈바이처(Ludwig Schweitzer)로부터 새해와 크리스마스가 되면 특히 당부 받는 것이 있었는데, 크리스마스 선물을 받은 것에 감사 편지를 쓰고, 새해 인사로 어른들에게 감사편지를 쓰게 하며, 감사의 삶을 살라는 말을 듣고 자랐다고 한다.

그로 인해 감사하는 사람이 되었노라고 그의 성장기를 이야기하였다. 아버지의 감사 가르침이 축복된 성자의 삶이 되게 하였다.

성경은 "무엇으로 심든지 심은 대로 거둔다"(갈 6:6~7)고 했다.

원망과 불평의 말을 뿌리면 그 인생은 원망, 불평으로 가득한 쓰레기장이 될 것이다. 이제부터 우리 인생에 원망, 불평의 쓰레기를 걷어내자. 우리 인생에 찾아온 온갖 냄새나고 추한 것들이 사라질 것이다.

감사의 말을 뿌리면 당신의 인생은 아름다운 꽃동산이 될 것이며 하나님이 축복 너울대는 축복의 동산이 될 것이다.

제 4 부 불평의 사람 감사의 사람

倒入号

감사와 사탄

사탄의 일

예수님은 "도적이 오는 것은 도적질하고 죽이고 멸망시키려는 것뿐이요"(요 10:10)라고 말했다. 도적은 무엇인가? 사탄이다. 사탄은 곳곳에 활동하고 있다. 무슨 활동을 하는가? 도적질하고 죽이고 멸망시키는 일을 하고 있다.

사탄은 마음의 평안과 기쁨을 무너뜨리고, 가정의 평안과 기쁨을 무너뜨리고, 삶의 평안과 기쁨을 무너뜨리고, 믿음의 평안과 기쁨을 무너뜨리고, 멸망의 길로 끌고 간다. 그뿐인가? 우리 사업을 무너뜨리고 가족관계를 무너뜨리고 직장을 무너뜨리고 축복을 무너뜨려서 원망, 불평하게 하고 근심, 걱정, 낙심하게 하고, 미움과 증오와 분노의 사슬에 매이게 하여 멸망으로 끌고 간다.

"이 일을 위하여 사탄은 우는 사자와 같이 삼킬 자를 찾고 있다"(벧전 5:8)

멸망시키는 자

광야의 이스라엘 백성들은 하나님이 예비하신 젖과 꿀이 흐르는 축복의 땅을 향해 나아갔다. 그런데 그들은 어찌 되었는가?

"그들 가운데 어떤 이들이 원망하다가 멸망시키는 자에게 멸망하였나니"(고전 10:10) 원망하다가, 멸망시키는 자, 사탄에 의해 멸망하였다고 했다. 우리를 멸망으로 끌고 가는 자가 있다.

원망과 불평은 멸망시키는 자, 곧 사탄에 의해 모든 것이 무너지고 멸망하는 길로 나아가게 한다.

감사는 하나님의 축복의 재료가 되고 원망 불평은 사탄의 멸망의 재료가 된다.

🌿 아담과 하와의 불만

하나님은 아담에게 에덴동산의 수만 가지의 모든 것을 다 주시고 딱 한 가지 선악과만은 손대지 말라고 했다. 그때에 멸망시키는 자 사탄이 와서 말한다.

"너희가 그것을 먹는 날에는 너희 눈이 밝아 하나님과 같이 되어 선악을 알 줄을 하나님이 아심이니라"(창 3:5)

하나님같이 된다는 말에 아담과 하와는 '아! 하나님이 우리도 하나님과 같이 될까 봐 이 과일을 먹지 못하게 하였구나' 하고 불만, 원망의 마음을 가지게 되었다. 그리고 선악과를 보니 아주 보암직도 하고 먹음직도 하고 탐스럽기 그지 없었다. 에덴동산의 수만 가지, 모든 것을 다 주신 하나님에 대한 감사함을 잊어버렸다. 사탄은 감사를 잊어버린 사람을 무너뜨려 멸망으로 끌고간다.

가룟 유다의 불평

가룟 유다는 예수님께 향유를 붓는 마리아의 헌신과 사랑을 보면서 불평한다.

> "제자 중 하나로서 예수를 잡아 줄 가룟 유다가 말하되 이 향유를 어찌하여 삼백 데나리온에 팔아 가난한 자들에게 주지 아니하였느냐 하니"(요 12:4~5)

사탄은 불평하는 "가룟 유다의 마음에 예수를 팔려는 생각을 집어넣었다"(요 13:2)고 했다. 가룟 유다는 그때부터 예수를 팔 생각에 골몰하며 예수님을 파는 죄악의 길로 빠져든다. 불평하는 사람은 사탄의 올무에 묶여 죄악으로 나아간다. 원망과 불평은 멸망시키는 자들에 의해 우리 인생이 멸망으로 가게 하는 것이다.

감사와 모기향

'발아의 집'에는 여름이 되면 모기가 아주 많다. 주위가 온통 잔디요, 풀밭이라 새까만 모기들이 군대를 이루어 덤벼든다. 그러나 세미나실에는 얼씬을 못한다.

세미나실 입구마다 모기향을 피우기 때문이다. 그리고 세미나실 안에도 모기향을 피운다. 그러면 가끔 용케 들어온 모기들도 힘을 쓰지 못하고 죽고 만다. 감사는 모기향과 같다.

우리의 입술에서 감사의 향을 피우면 그렇게 왕성하던 사탄은 기력을 잃는다. 우리 인생에 접근하지 못한다. 인생을, 가정을, 사업을, 우리의 믿음을 흔들지 못한다.

스피로스 J. 히아테스(Spiros J. Zodhiates)는 "감사하는 것은 마귀를 물리치는 가장 확실한 방법이다"고 했다.

영국의 가톨릭 신학자이자 추기경인 존 헨리 뉴먼(John Henry Newman)은 "감사는 최고의 해독제요 방부제"라고 했다.

더 풍성하게 하러 오신 예수님

예수님이 이 땅에 오신 것은 "내가 온 것은 양으로 생명을 얻게 하고 더 풍성히 얻게 하려는 것이라"(요 10:10)라고 했다. 예수님은 우리에게 영생을 얻게 하기 위해 오셨을 뿐 아니라 더 풍성한 삶을 얻게 하려고 오셨다고 했다.

더 풍성한 삶이 어떻게 오는가? 원수 사탄이 침범하지 못하는 사람에게 임할 수 있다. 감사하는 사람에게 찾아온다.

성경은 "감사함으로 깨어 있어라"(골 4:2)고 했다. 적극적 사고의 세계적 권위자 지그 지글러(Zig Ziglar) 박사는 "나는 감사할 줄 모르는 사람이 행복한 것을 본 적이 한 번도 없다"고 했다. 원망과 불평은 사탄의 올무에 묶여 멸망으로 가게 되나, 감사는 하나님이 주시는 더 풍성한 삶을 누리게 한다.

불평 불만하는 사람 치고 성공하는 사람은 없다. 감사하는 사람은 은혜의 단비 속에 살게 된다. 당신은 어떤 인생으로 살기 원하는가? 은혜의 단비에 젖어 살기 원하는가? 아니면 멸망으로 가기 원하는가?

천국에서 의인과 죄인

"내가 너희에게 이르노니 사람이 무슨 무익한 말을 하든지 심판 날에 이에 대하여 심문을 받으리니 네 말로 의롭다 함을 받고 네 말로 정죄함을 받으리라"(마 12:38~37)

우리 인생은 마지막 천국에 갔을 때, 하나님 앞에서 우리 삶을 점검 받게 된다. 그때 다른 것으로 점검 받게 되는 것이 아니라 우리가 이 땅에 살면서 아주 사소한 말, 아무 쓸모 없을 것 같은 말일지라도 그 말로 의로운 사람으로 인정받기도 하고 불의한 사람으로 정죄함을 받게 될 것이라는 말씀이다. 우리의 말이 의인과 악인을 결정할 것이라고 말씀하고 있다.

그런가 하면 성경은 또한 "만일 말에 실수가 없는 자라면 곧 온전한 사람이라"(약 3:2)고 했다.

아무리 전도를 열심히 해도 원망, 불평으로 전도하면 그 전도가 무너진다. 교사로, 구역장으로, 부장으로, 회장으로 헌신하고 봉사하여도 원망, 불평으로 한다면 온전한 헌신이 되지 못한다. 감사가 없으면 모든 신앙이 무너진다.

"감사로 제사를 드리는 자가 나를 영화롭게 하나니"(시 50:23)

감사로 모든 일을 감당할 때 그 헌신이 하나님 앞에 의롭다 하심을 받는 헌신이요, 그 믿음이 아름다운 믿음이 될 것이다. 원망과 불평은 모든 신앙을 무너뜨리고, 감사는 모든 신앙을 완성시킨다.

영원히 사라지지 않는 말

 우리가 이 땅에 살면서 말하던 모든 말은 허공으로 사라지는 것이 아니다. 과학적으로도 증명되었지만 우리 말은 모두 공중에 흩어져 있다고 한다. 과학이 더욱 발달하면 이 소리를 다시 모아 재생할 수 있다고도 한다.

 우리가 이 땅에 살면서 하는 말, 아주 사소한 말까지 사라진 것이 아니다. 성경에서 말씀하시길 "주께서 가라사대 내가 살았노니 모든 무릎이 내게 꿇을 것이요 모든 혀가 하나님께 자백하리라 하였느니라"(롬 14:11~12)고 했다.

 우리가 하나님 앞에 설 때에 이제 이 땅에서 자신이 말한 모든 말을 스스로 내어놓게 된다는 것이다. 그리하여 원망, 불평으로 산 사람은 정죄를 받을 것이요, 감사하며 산 사람은 의롭다 함을 받게 될 것이다.

 당신은 천국에서 의롭다함을 받기를 바라는가 아니면 죄인이 되고 악한 자가 되기를 바라는가?

 원망, 불평은 이 땅에서도 실패하는 인생, 불행한 인생을 만들고, 천국에서도 실패하는 인생, 불행한 인생을 만든다.

그런가 하면 감사는 이 땅에서도 성공적인 인생, 행복한 인생을 만들고 천국에서도 성공적인 인생, 행복한 인생을 만들 것이다.

『감사의 비밀』을 마치며

나는 오늘도 감사를 배우며 감사의 씨를 뿌리며 살고 싶다.

이 감사의 씨가 온 세상에 가득하기를 기도하며 그리고 내일도 또 내일도 감사의 씨를 뿌리며 살아가련다. 그리고 마지막 내 삶의 종착역에 머무르는 날, 나의 무덤 앞에 새겨진 "이 땅에 감사의 씨를 뿌리다 하나님께 떠난 사람"이라는 묘비의 글을 바라보며 하나님의 나라로 가고 싶다.

감사의 비밀

초 판 발 행 2007년 10월 1일
2판 7쇄 발행 2022년 11월 20일

지은이 | 박필
펴낸이 | 김영숙

펴낸곳 | 생명의글
등 록 | 1999. 11. 06. 제 26호
주 소 | 서울특별시 강남구 수서동 707번지
전 화 | 010-6520-0102

홈페이지 | 생명언어설교연구원. www.preach.hompee.com
　　　　　　발아의 집. www.happymaker.net

E-mail | chc024@daum.net

ISBN 979-11-85569-15-4 (03230)

책 값 | 13,000원

* 이 책은 출판사의 허락없이 무단 인용, 복제를 금합니다.
　이를 위반할 시 민형사상 책임을 지게 됩니다.